Clairville ---

Danses nationales de la France

1861

8 Y Th. 4444

LES

DANSES NATIONALES
DE LA FRANCE

VAUDEVILLE EN TROIS ACTES ET CINQ TABLEAUX

PAR

MM. CLAIRVILLE, DELACOUR et LAMBERT-THIBOUST

MUSIQUE NOUVELLE DE M. VICTOR CHÉRI

DANSES RÉGLÉES PAR M. BARRET. — DÉCORS DE M. GEORGES. — COSTUMES DESSINÉS PAR M. ALFRED-ALBERT ET EXÉCUTÉS PAR M. MARAGE ET MADAME GONTIER. — MACHINES DE M. FLORENTIN.

Représenté pour la première fois, à Paris, sur le théâtre des VARIÉTÉS, le 19 août 1861

PARIS
MICHEL LÉVY FRÈRES, LIBRAIRES-ÉDITEURS
RUE VIVIENNE, 2 BIS
—
1861

Tous droits réservés

Yth 4444

Distribution de la pièce.

RIGODON	MM. DUPUIS.
MENUET	F. HEUZEY.
LE GALOP	ROLAND.
L'ÉTÉ	THEODORE.
LE PANTALON	MASSON.
PREMIER MARMITON	GODARD.
DEUXIÈME MARMITON	FIETES.
UN CAPORAL	ALBERT.
KANKAN	Mlles ALPHONSINE.
LA CONTREDANSE	JUDITH FERREYRA.
LA GAVOTTE	Mme CH. DUPUIS.
LE CARNAVAL	Mlles MARIANI.
LA PANTOMIME	DUCHATELET.
LA MONACO	FELICIE.
LA VALSE	FLORE.
LA FRICASSÉE	GABRIELLE.
LE LANCIER	RIVIERE.
LE COTILLON	A. DOLCY.
LA SABOTIÈRE	MIGNONNE.
LA BOURRÉE / PREMIER BAL CHAMPÊTRE	COLOMBE.
LA RONDE	LÉONIE.
LA PASTOURELLE	CLÉMENCE.
LA POULE	EUGENIE.

MARMITONS, QUATRE SOLDATS, ARLEQUINS, PIERROTS, FOULE DE CURIEUX, BALS CHAMPÊTRES, MUSICIENS.

DANSE

Mesdemoiselles Belzaguet, Vandras, Victoria, Santi, Anna, Blanche, Fenolio, Zélia, Barbot, Mignonne, L. Martin, Olympe, Delsuc, Franche, Astory et Frasquita.

Les indications sont prises de la gauche du spectateur. — Les personnages sont inscrits en tête des scènes dans l'ordre qu'ils occupent au théâtre. Les changements de position sont indiqués par des renvois au bas des pages.

LES

DANSES NATIONALES

DE LA FRANCE

ACTE PREMIER

PREMIER TABLEAU

Le théâtre représente des percherons fantastiques : l'entrée au fond, la maison à gauche.

—

SCÈNE PREMIÈRE.

LA FRICASSÉE, PLUSIEURS MARMITONS.

LA FRICASSÉE.

Air de *la Fricassée*.

Allons, allons, pressez-vous donc!
Dépêchez-vous, mettez-vous à l'ouvrage!
Songez qu'il faut que tout soit bon,
Au mariage
De Rigodon.
Moi, la Fricassée, aussi,
Je prétends danser ici,
Ça me rendra mes quinze ans.
Ah! mes enfants,
Mon temps,
C'était un joyeux temps!

(Tous dansent la Fricassée.)

REPRISE EN CHŒUR.

Allons, allons, pressons-nous
Allons, allons, pressez-vous donc,
Dépêchez-vous, mettez-vous
Dépêchons-nous, mettons-nous à l'ouvrage,
Songez
Songeons qu'il faut que tout soit bon,
Au mariage
De Rigodon.

LA FRICASSÉE.

En voilà assez; ces souvenirs me seraient préjudiciables. En fait de fricassée, nous ne devons nous occuper que de celle que mangeront aujourd'hui les nouveaux époux.

UN MARMITON.

C'est donc vrai, bourgeoise, que la Contredanse épouse le Rigodon?

LA FRICASSÉE.

Pardine, si c'est vrai! puisque le Menuet et la Gavotte, le père et la mère de la mariée, m'ont commandé le repas des accordailles.

DEUXIÈME MARMITON.

C'est ça un mariage qui fera du bruit dans le royaume de la danse!

LA FRICASSÉE.

D'autant plus de bruit, que je me suis laissé dire que la Contredanse trouve le Rigodon bête... Et, quand une mariée trouve son mari bête avant la noce, elle finit toujours par faire des bêtises; mais ça ne me regarde pas, ni vous non plus. Allez voir à la cuisine si j'y suis.

PREMIER MARMITON.

Nous y courons, bourgeoise!

REPRISE DU CHŒUR.

Allons, allons, pressez-vous donc!
Etc., etc.

(Les marmitons entrent dans la maison.)

LA FRICASSÉE, seule, regardant au fond.

Personne encore, et je ne sais pas seulement quel sera le nombre des convives! J'attendais de nouveaux ordres, et je suis surprise... (Ritournelle à l'orchestre.) Ah! enfin, voici le père de la fiancée, le respectable Menuet, qui se dirige de ce côté...

SCÈNE II.

LA FRICASSÉE, MENUET.

MENUET, entrant par le fond.

Air du *Menuet d'Exaudet*.

Me voilà...
Et, chez la
Fricassée,
Je veux marcher pas à pas,
Et saluer bien bas
La jambe ainsi placée.
Cela plaît...
Vous plaire est
Ma pensée.

On n'a jamais trop de chic,
Quand on vient chez la Fric-
Assée!

LA FRICASSÉE.

Toujours galant! toujours gracieux!

MENUET.

C'est plus fort que moi!

LA FRICASSÉE.

Et la noce?

MENUET.

Je la précède.

LA FRICASSÉE.

Aurez-vous beaucoup de monde?

MENUET.

Non, pas trop. Nous avons fait un choix : il y aura moi, ma femme, vous, le futur, la fiancée et ses cinq demoiselles d'honneur.

LA FRICASSÉE.

Ah! elle en a cinq?

MENUET.

Oui, les cinq figures de la contredanse, cinq demoiselles, dont trois garçons : le Pantalon, l'Été, le Galop, la Poule et la Pastourelle!... Nous aurons encore, du côté de la mariée, sa sœur, mon autre fille, la Valse; ses cousines, la Ronde, la Bourrée et la Sabotière; ses cousins, le Lancier et le Cotillon. En tout, à peu près vingt personnes.

LA FRICASSÉE.

Et la Monaco, que vous oubliez?

MENUET.

Ah! je vais vous dire, nous n'avons pas invité la Monaco... une étourdie, qui chasse et qui déchasse, c'eût été d'un mauvais exemple pour la mariée.

LA FRICASSÉE.

Mais elle sera furieuse!

MENUET.

Tant pis!... pourquoi chasse-t-elle?...

UNE VOIX, en dehors.

La bourgeoise! la bourgeoise!

LA FRICASSÉE.

On m'appelle... Pardon, mais ma présence... (Elle rentre dans la maison.)

MENUET.

Allez, allez!... (Seul et tirant sa montre.) Déjà midi... et ma femme qui devait être ici en même temps que moi!... Ah! le mariage!... voilà l'origine de toutes les révolutions!... Si je n'avais pas épousé la Gavotte, le royaume de la danse serait encore ce qu'il était autrefois!... Moi, le rejeton d'un pas noble, avoir épousé... (Ici, l'on entend la ritournelle de la Gavotte.) Ah! la voilà!... c'est bien heureux!... et toujours à sautiller; ça me crispe! (Il remonte.)

SCÈNE III.

LA GAVOTTE, MENUET.

LA GAVOTTE, entrant par le fond et dansant.

Me voilà!
Nous savez que la Gavotte,
Gigota,
Gigote
Et gigotera.
Ce petit air-là
Nous séduit et nous ravigote,
Lorsque l'opéra
Nous énerve et nous asticote.
Vive la Gavotte!
Le bonheur est là!

MENUET.

Mon Dieu, madame, ne sautillez donc pas comme ça; vous êtes asticotante!

LA GAVOTTE.

Astico... il me trouve asticotante! Un homme que j'ai rendu père de deux enfants qui ne lui ressemblent pas!

MENUET.

Et vous trouvez ça drôle?

LA GAVOTTE.

Pardine! c'est, s'ils vous ressemblaient, que je ne trouverais pas ça drôle!

MENUET.

Si vos filles me ressemblaient, madame, elles seraient dignes, elles seraient nobles, elles ne seraient pas sans cesse à sautiller comme vous. La Contredanse aurait conservé les principes et l'amour du vrai beau, et la Valse, sa sœur, ne se serait jamais exposée à la mesure à deux temps. Aujourd'hui, ce n'est plus une jeune fille, c'est un tonton.

LA GAVOTTE.

Tonton!

MENUET.

Mais, que demander à des enfants dont la mère se compromet depuis le Directoire?

LA GAVOTTE.

Oh! le Directoire!... c'était mon beau temps. Vous veniez de m'épouser dans l'exil, lorsque la réaction nous amena dans les salons de Barras. Oh! Barras! je trouve que votre fille cadette lui ressemble.

MENUET, à part.

Et je venais de l'épouser!...

LA GAVOTTE.

Air de *Suzanne Lagier*. (LA PREMIÈRE DU PRINTEMPS.)

C'est à faire danser des pas
Que se borne notre puissance,
Et l'on ne peut appeler danse
La danse où l'on ne danse pas.
Chacun veut sauter en cadence,
Tant on aime à se trémousser;
Ce n'est pas pour marcher qu'on danse,
On ne danse que pour danser.
Oui, jadis on vous admirait
Pour votre noblesse en culotte;
Mais, lorsque parut la Gavotte,
On dédaigna le Menuet.
Le grand siècle me dut sa gloire;
Mais, plus libre dans mes ébats,
J'ai sauté sous le Directoire,
Comme on ne saute plus, hélas!
Lorsque mes jupons s'envolaient,
Les vieux redevenaient ingambes;
Du travail que faisaient mes jambes
Toutes les têtes raffolaient.
Seule, je charmais à la ronde,
J'étais bissée à chaque écho,
Et vous étiez, pour tout le monde,
Ce qu'on appelle rococo.
Cela vous a rendu jaloux,
Mais, en oubliant nos bisbilles,
Bénissez le ciel que vos filles
Tiennent de moi plus que de vous.
Elles ressemblent à leur mère...
Oui, c'est leur mère... traits pour traits...
Et vous devez leur laisser faire
Tous les sauts que leur mère a faits;
Car à faire danser des pas
Se borne toute leur puissance,
Et l'on ne peut appeler danse
La danse où l'on ne danse pas.

MENUET.

M'entendre tenir un pareil langage!... Enfin, je marie ma fille à Rigodon; ce n'est certes pas le gendre que j'avais rêvé!

LA GAVOTTE.

Ni moi.

MENUET.

Mais, dans ce siècle de danses hétéroclites, lui seul a conservé quelques grâces naïves... Puisse-t-il arrêter sa femme sur la pente funeste des idées subversives.

LA GAVOTTE.

Allons donc! est-ce qu'un mari arrête jamais sa femme?... Est-ce que vous m'avez arrêtée, vous, mon petit?

MENUET, furieux.

Madame, je vous déclare... (Ritournelle de contredanse.) La noce! Brisons là, je vous prie; ne donnons pas aux fiancés ce touchant exemple des félicités conjugales... (La noce entre par le fond.)

SCÈNE IV.

LES MÊMES, LA CONTREDANSE, LA VALSE, LA RONDE, LA BOURRÉE, LE LANCIER, LE COTILLON, LA SABOTIÈRE, LE PANTALON, LA POULE, L'ÉTÉ, LE GALOP, et LA PASTOURELLE.

CHŒUR.

Air connu.

A la noce de Rigodon
Que l'on danse à toute heure!
C'est bien la meilleure
Façon
De fêter Rigodon!

LE LANCIER *.

Eh bien, ce repas des accordailles?

MENUET.

Un peu de patience... la fricassée est à la cuisine.

LE LANCIER.

Oh! la cuisine et la fricassée, voilà qui ravigote!

MENUET.

Scélérat de Lancier!... Voyons... sommes-nous au complet?... La Sabotière est-elle arrivée?

LA SABOTIÈRE.

J'crois ben... J'ons pris la patache.

MENUET.

La Ronde?

LA RONDE.

Présente.

MENUET.

La Bourrée... la Bourrée!

LA BOURRÉE.

Eh ben!... quoi?... La Bourrée... la v'là, la Bourrée.

MENUET.

Les cinq figures de la contredanse... Le Pantalon?

LE PANTALON.

Présent.

* Sabot. le Gal. Cotil. Vals. Contr. Gav. Rig. Men. Bourr. Casc. Ronde.

MENUET.

L'Été ?

L'ÉTÉ.

Présent.

MENUET, les désignant.

Voici la Poule... la Pastourelle... je n'aperçois pas le Galop... (Appelant.) Hé ! le Galop ?

LE GALOP.

Pardon !... je suis là... Je causais avec le Cotillon...

LE COTILLON.

Le Cotillon ?... Présent.

MENUET.

Parfait !

LA GAVOTTE.

Mais je ne vois pas le fiancé.

LE COTILLON.

Il avait perdu sa jarretière, il s'est arrêté pour la chercher.

LA GAVOTTE.

Un fiancé qui perd ses bas le jour de sa noce !

LA CONTREDANSE.

Ah ! c'est d'un mauvais présage.

MENUET.

Que dites-vous, ma fille ?

LA CONTREDANSE.

Rien, papa !

LE LANCIER.

Voilà ce que c'est que d'avoir préféré le Rigodon aux Lanciers... Les Lanciers ne perdent pas leurs bas...

Car ils ont des bott's
Ils ont des bottes, bott's, bott's...

RIGODON, en dehors.

Me voilà, me voilà ! je l'ai retrouvée.

TOUS.

Ah ! vive Rigodon ! (Rigodon arrive par le fond.)

SCÈNE V.

LES MÊMES, RIGODON.

RIGODON *.

Air du *Petit Clerc*. (FORTUNIO.)

C'est moi le joyeux Rigodon,
Créé par le dieu Cupidon !

* Sabot, le Gal. Cotil. Vals. Contr. Gav. Rig. Men. Bour. Casc. Ronde.

Grâce physique,
Beauté plastique
Et danse caractéristique,
De moi font un vrai Céladon.
De plus d'un charme sympathique
L'Amour en naissant m'a fait don.
Mon torse antique
Est magnifique!
Enfin, créé par Cupidon,
Voilà le joyeux Rigodon!

TOUS.

Bravo, Rigodon!

LA BOURRÉE.

Dites donc, vous, prenez garde de vous déchirer, hein?

LE LANCIER.

Mais oui, dis donc, tu t'égratignes, mon bonhomme!

RIGODON.

Je me rends justice, voilà tout.

DEUXIÈME COUPLET.

Toujours le *joyeux* Rigodon
S'exprime avec cet abandon...
Quand je m'élance,
Quand je balance,
Ce n'est pas avec nonchalance
Que je fais sauter ma dondon;
Et ma grâce, mon élégance
Ont subjugué plus d'un tendron.
Oui, l'innocence
Chérit ma danse!
Pourtant, créé par Cupidon,
Je suis le *joyeux* Rigodon!

TOUS.

Vive Rigodon!

MENUET.

Mon gendre, vous manquez de tenue.

LA GAVOTTE.

Moi, je trouve qu'il manque de chic.

LA VALSE.

Moi, qu'il manque de charmes!

CONTREDANSE, bas.

Et moi, qu'il manque de tout.

RIGODON.

Ah! si on peut dire!... Comment, beau-père, vous ne me trouvez pas une tenue distinguée?... et vous, belle-mère, un petit air coquin qui fait plaisir à voir?

LA GAVOTTE.

Non, je ne vous trouve pas l'air assez coquin.

RIGODON.

Mais, en vérité... je ne sais plus comment je dois être... Mon beau-père ne me trouve jamais l'air assez noble, et ma belle-mère voudrait que je me débraillasse!... (Allant à Contredanse.) J'en appelle à ma charmante fiancée, son avis doit prévaloir : Suis-je bien ainsi?

LA CONTREDANSE *.

Je suis de l'avis de mon père et de l'avis de ma mère.

RIGODON.

Des deux à la fois?

LA CONTREDANSE.

Une jeune fille doit penser comme ses parents.

RIGODON.

Mais il est impossible que vous pensiez de deux façons.

LA CONTREDANSE.

Si j'en ai une troisième, je dois la garder pour moi.

LE LANCIER, du fond.

C'est juste!

LE COTILLON, de même.

Elle a raison!

LA SABOTIERE, de même.

Bien répondu!

RIGODON.

C'est-à-dire que ce n'est pas répondre.

LA VALSE.

Ça vous apprendra à faire des demandes indiscrètes.

RIGODON.

Mais je ne demande qu'à être fixé sur moi-même... J'éprouve le besoin de me considérer sous un aspect quelconque.

LA MONACO, au dehors.

Ah! ils sont arrivés, c'est bon!... Nous allons nous inviter nous-mêmes...

TOUS, remontant.

Cette voix...

MENUET.

Qui donc se permet?...

SCÈNE VI.

LES MÊMES, LA MONACO, puis LA FRICASSÉE.

LA MONACO **, entrant par le fond.

Ah! l'on se marie les uns sans les autres!

MENUET.

La Monaco!

* Vals. Contr. Rig. Men. Gav. Les autres au fond.

** Gal. Sabot. Cotil. Vals. Contr. Men. Mon. Gav. Rig. Lanc. Bour. Ronde.

LA MONACO.

Air *consacré.*

Oui, la Monaco,
Qu'on chasse, qu'on déchasse ..
Oui, la Monaco,
Qu'on chasse comme il faut!
Vous m'offensez,
Me vexez,
Me chassez...
C'en est assez!
Redoutez ma vengeance!
Quand on m'offense,
En me dupant,
En me trompant,
Toujours on s'en repent!
Car la Monaco,
Qu'on chasse,
Qu'on déchasse,
Oui, la Monaco
Se venge comme il faut!

TOUS.

Oui, la Monaco! *etc.*

MENUET.

Mais que parlez-vous donc d'offense? Nous vous avons invitée, vous avez dû recevoir un billet de faire part.

LA MONACO.

Moi ? Je n'ai rien reçu.

MENUET.

Est-il possible ? Nous étions même en train de nous dire: Mais que fait donc la Monaco? elle nous manque!... N'est-ce pas, mes amis, que nous disions?...

TOUS.

Oui, oui, certainement.

LA MONACO.

A la bonne heure! Je disais aussi...

LA FRICASSÉE *, venant de la maison.

Ah! voilà toute la noce!

TOUS.

La Fricassée!

LA FRICASSÉE.

Tiens, la Monaco!... Je croyais que vous n'étiez pas invitée?

TOUS.

Ah!

* Sabot. Gal. Cotil. Vals. Contr. Men. Fricas. Mon. Gav. Rig. Lanc. Bour. Rond.

LA MONACO.

Comment, pas invitée ?

MENUET.

Mais si... mais si... je vous ai dit : vingt couverts : la Monaco entre moi et le Galop ; vous ne vous souvenez donc pas ?

LA FRICASSÉE.

Ah ! si !... ah ! si !... (A part.) En voilà une girouette !

RIGODON.

Eh bien ! et le repas ?

LA FRICASSÉE.

Oh ! pas avant une heure d'ici.

TOUS.

Une heure ?

LE LANCIER.

Encore une heure !... Mais je vais avoir l'estomac dans mes bottes !

LA GAVOTTE.

Ah ! mon Dieu, mais que faire d'ici là ?...

LA FRICASSÉE.

Cet endroit est charmant, promenez-vous, ça donne de l'appétit... Moi, je vais faire mettre le couvert. (Elle rentre dans la maison.)

LE GALOP.

C'est une idée... Vite au galop !

TOUS.

Au galop ! (Ils remontent.)

MENUET.

Se promener au galop, c'est un peu fatigant.

LA GAVOTTE, remontant avec Menuet.

Ah ! que c'est triste, un mari qui est toujours fatigué !...

RIGODON, allant à Contredanse.

Moi, je ne le suis pas, et si ma fiancée veut m'accepter pour galopin... (Se reprenant.) pour galopeur ?...

LA CONTREDANSE.

Merci, monsieur, je ne galope pas, je reste ici.

LA VALSE.

Moi, je reste avec ma sœur, nous avons à causer...

RIGODON.

Ah !...

LE LANCIER.

Enfoncé, Rigodon !

LA GAVOTTE.

Eh bien, invitez la Ronde et partons.

RIGODON, dans ses dents.

La Ronde, la Ronde... Enfin ! (A la ronde.) Mademoiselle ?...

LA RONDE.

Avec plaisir !

LE GALOP.

Partons !

Air du galop de *Gustave*.

Vite au galop!
C'est le galop,
Qui seul fait sauter comme il faut.
Comme il est chaud!
Rien ne le vaut!
Voyez plutôt :
Au galop!

REPRISE EN CHŒUR.

Vite au galop,
C'est le galop, etc.

(Tous sortent par le fond en galopant, excepté la Valse et la Contredanse.)

SCÈNE VII.

LA VALSE, LA CONTREDANSE.

(Elles descendent toutes deux sur le mouvement de valse qui se joue à l'orchestre.)

LA VALSE.

Air de la valse du *Pardon*.

Ma sœur chérie,
Ah! je t'en prie,
Réponds-moi donc!

LA CONTREDANSE.

Non, non, non.

LA VALSE.

Pourquoi te taire?
Plus de mystère...
Ta sœur connait
Ton secret!
Pauvre petite,
Ton cœur palpite
Pour un heureux
Amoureux!
De grâce, réponds-moi.

LA CONTREDANSE.

C'est vrai... Tais-toi.

Air connu.

Ah! le beau rêve que j'ai fait!
Cette nuit, je vis un jeune homme...
J'ignore encore s'il se nomme
Jule, Ernest, Arthur ou Friquet;
Mais, en songe, il m'apparaissait,
Et tendrement il me disait :

Air des *Canotiers.*

Il me disait : « Sacrebleu! ma mignonne,
Quand de toi j'attends le bonheur,
Prends donc aussi l'amour que je te donne!
Tiens, voilà mon cœur!
Tiens, tiens, voilà mon cœur! »

LA VALSE.

(Valse de folle quand elle danse. La Fille du Tyrol.)

Un semblable langage
Me paraît sans détour;
Il est le témoignage
D'un véritable amour.
Certe, il faut qu'il t'adore,
Pour te parler ainsi!
Que t'a-t-il dit encore?

LA CONTREDANSE.

Il me disait aussi :

Air du *Conscrit de Montrouge.*

La Gavotte est rococo,
Le Menuet, perruque!

LA VALSE.

Quoi, ma mère est rococo
Et mon père est perruque?

LA CONTREDANSE.

Viens, suis mes pas au Prado,
A Mabille, au Casino,
C'est là que bientôt,
Dans un grand assaut,
Je veux qu'on te reluque.

ENSEMBLE.

LA CONTREDANSE.

Viens, suis mes pas, etc.

LA VALSE.

Eh quoi! ma sœur, au Prado,
A Mabille, au Casino,
C'est là que bientôt,
Dans un grand assaut,
Il veut qu'on te reluque?

LA VALSE.

Air : *Valse de Rosita.*

Heureuse fille d'Ève,
De grâce, achève;
De ce beau rêve
Dis-moi la fin!

LA CONTREDANSE.

Tendre et docile,
Du bal Mabille
Je suivis le chemin.

Air connu.

Follichons et follichonnettes,
A ce bal follichonnaient...
Et ma danse y fit des conquêtes :
Tous les cœurs m'appartenaient.
Chacun m'entourait,
Chacun s'écriait :
Ah! ah!

ENSEMBLE.

Ah! ah!

LA CONTREDANSE.

Le bal finissait, (*bis.*)
Et mon danseur m'embrassait.
Ah! le beau rêve que j'ai fait!
Mais ce fut un rêve en effet!
Je vais épouser un benêt...
Ce n'est qu'un rêve que j'ai fait!

(Grand bruit au dehors.) Qu'est-ce donc ?

LA VALSE.

C'est toute la noce qui revient!

LA CONTREDANSE.

Déjà ?

SCÈNE VIII.

LES MÊMES, TOUS LES PERSONNAGES DE LA VIe SCÈNE, rentrant par le fond.

RIGODON *.

Ça n'est pas vrai !

LA MONACO.

Je vous dis que si !

RIGODON.

Je vous dis que non !

MENUET.

Juste ce que je craignais !

LA GAVOTTE.

Il faut s'expliquer!... (A la Contredanse.) Ma fille, on vous accuse de ne pas chérir votre fiancé.

LA MONACO.

Ce n'est pas ça que je dis.

MENUET.

Vous auriez dû vous taire.

LA MONACO.

Pourquoi donc que je me tairais?... La Contredanse est gentille; un petit jeune homme lui fait la cour, c'est tout na-

* Ronde, Bour. Lanc. Vals. Men. Contr. Gav. Mon. Rigod. Sabot. Cotil. Galop.

turel; moi je le sais, et je le dis à son fiancé pour qu'il le sache... Quand un mari est prévenu, si ça ne lui fait rien, tant mieux; mais il faut le prévenir, c'est bien le moins.

LE LANCIER.

Certainement, la Monaco a raison.

LA GAVOTTE.

Voyons, ma fille, est-il vrai qu'un petit jeune homme vous courtise?

LA CONTREDANSE.

Oui, maman.

TOUS.

Ah!

RIGODON.

C'est vrai?

MENUET.

Et quel est ce téméraire?

LA CONTREDANSE.

Je ne sais pas.

RIGODON.

Son nom, je veux savoir son nom!

LA CONTREDANSE.

Il ne me l'a pas dit.

LA GAVOTTE.

Quel est-il? que fait-il? d'où vient-il?

LA CONTREDANSE.

Il est gentil, il me fait la cour, il vient je ne sais d'où.

LA GAVOTTE.

Il est gentil?

LA CONTREDANSE.

Oh! oui!

RIGODON.

Plus gentil que moi?

LA CONTREDANSE.

Ah! oui!

LA GAVOTTE.

Est-ce que tu l'aimerais?

LA CONTREDANSE.

Je crois que oui.

TOUS.

Ah!

MENUET.

Morbleu!

RIGODON, *tombant sur la Sabotière.*

Je m'évanouis!

LA SABOTIÈRE.

Ah! sapredienne! voulez-vous vous soutenir, vous? (*Elle le repousse.*)

RIGODON *.

Air des *Deux Aveugles*.

C'est un outrage!
LA GAVOTTE.
Ma fille est sage.
RIGODON.
Mais son langage
Doit me fâcher.
LA GAVOTTE.
Moi, je l'approuve,
Car elle prouve
Qu'elle ne trouve
Rien à cacher.
RIGODON.
Mais un amant d'elle est chéri.
LA GAVOTTE.
En serez-vous moins son mari?
RIGODON.
Mais ça compromet mon nom.
TOUS.
Non, non, non, non!
RIGODON.
Je crains un mauvais renom.
TOUS.
Non, non, non, non!
RIGODON.
Ah! nom d'un nom! (4 *fois*.)
TOUS.
Non, non, non, non, non! etc.
RIGODON.
Ah! nom d'un nom! (4 *fois*.)

ENSEMBLE.

RIGODON.
Morbleu! j'enrage!
C'est un outrage,
Et son langage
Doit me fâcher.
Bien qu'on l'approuve,
Tout me le prouve,
Ce qu'elle éprouve
Doit se cacher.
TOUS.
Quand on s'engage
En mariage,
Non, ce langage
Ne peut fâcher.
Chacun l'approuve,

* Ronde. Bour. Lanc. Vals. Contr. Gav. Rig. Men. Mon. Sabot. Cotil. Galop.

Elle nous prouve
Qu'elle ne trouve
Rien à cacher.

UNE VOIX DEHORS.

Air du *Comte Ory*.

Donnez-moi, de grâce, } (bis)
L'hospitalité !

TOUS, remontant.

Air de *Castilbelza*.

Quel est donc ce refrain?
Il me semble le connaître.

RIGODON.

Qu'est-ce que ça peut être?

LA GAVOTTE, voyant entrer un pèlerin par le fond.

C'est un pauvre pèlerin.

SCÈNE IX.

LES MÊMES, UN PÈLERIN.

LE PÈLERIN.

Air du *Voyage aérien*.

Je suis un pauvre pèlerin...
Voyez plutôt ma pèlerine...
Ce qui m'arrête en mon chemin,
C'est l'odeur de votre cuisine.
O mes frères, puisque j'ai droit
A l'hospitalité des hommes,
A votre table accueillez-moi!...
J'ai besoin d'un bifteck aux pommes.

MENUET, au pèlerin *.

Vous arrivez dans un triste moment; mais, c'est égal, soyez le bienvenu!

LE PÈLERIN.

Un triste moment... et c'est une mariée que je vois!

RIGODON.

Oui, une jolie mariée, qui, le jour de ses accordailles, dit à son fiancé qu'elle en aime un autre.

LE PÈLERIN.

Est-il possible!... Ah! c'est mal, c'est mal!

RIGODON.

Vous l'entendez... J'étais bien sûr que le pèlerin serait de

* Ronde. Bourr. Lanc. Val. Contr. Gav. Men. pèlerin, Rig. Mon. Cotil. Sabot. Galop.

mon avis. (Aux autres.) Vous prétendez que c'est bien, mais il dit que c'est mal, et je partage... c'est-à-dire c'est lui... non, c'est... enfin, nous partageons la même opinion.

LE PÈLERIN.

Permettez, je ne puis juger sans entendre.

LA GAVOTTE.

C'est juste, et je vais vous dire...

RIGODON.

Non, c'est moi.

MENUET.

Non, c'est moi.

TOUS.

Il vaudrait mieux...

LE PÈLERIN.

Ah ! si tout le monde parle à la fois...

LA SABOTIÈRE.

C'est à la fiancée de s'expliquer... et même nous sommes de trop.

RIGODON.

C'est ça... je m'en rapporte à l'avis du pèlerin. Laissons-le seul avec ma promise, et s'il me dit : « Mon garçon, je vous promets que votre promise m'a promis que vous n'aviez rien à craindre ; » eh bien, la noce aura lieu. Moi, je me connais, je suis très-brave, quand on me dit que je n'ai rien à craindre.

MENUET.

C'est dit, retirons-nous.

Air : *Fortunio.*

ENSEMBLE.

CHŒUR.

Pèlerin, nous comptons sur vous.

LA CONTREDANSE.

Pour échapper à son courroux.

LE PÈLERIN.

Oui, tous mes instants sont à vous.

ENSEMBLE.

LA CONTREDANSE.

Dissimulons et taisons-nous.

TOUS.

Tous ses instants seront à nous.

LE PÈLERIN.

Laissez-nous donc, retirez-vous !

ENSEMBLE.

LA CONTREDANSE.

Cachons bien mes
Petits secrets.

TOUS.

Sachez tous ses
Petits secrets.

LE PÈLERIN.

Je le promets.

ENSEMBLE.

LA CONTREDANSE.

Cachons comment
Est cet amant.

TOUS.

Sachez comment
Est cet amant.

LE PÈLERIN.

Certainement.

REPRISE EN CHŒUR.

Pèlerin, nous comptons sur vous, etc.

MENUET, à la Contredanse.

Mademoiselle, restez là.

LA CONTREDANSE, à part.

Dans quel embarras me voilà!

RIGODON, à part.

Je crois que cette leçon-là
Lui servira.

LA GAVOTTE, à part.

A son âge, j'aimais aussi,
Mais sans être timide ainsi.

LE PÈLERIN.

La morale en ces lieux va parler par ma voix,
Du mariage il faut qu'on observe les lois.

REPRISE DU CHŒUR.

Pèlerin, nous comptons sur vous, etc.

(Tous sortent par le fond, excepté le pèlerin et la Contredanse.)

SCÈNE X.

LE PÈLERIN, LA CONTREDANSE.

LA CONTREDANSE, résolûment, à part.

Après tout, tant pis!... S'il croit que je vais prendre des mitaines pour lui dire la vérité...

LE PÈLERIN.

Eh bien, mon enfant, ce qu'on vient de me dire est-il vrai?

LA CONTREDANSE.

Oui, monsieur le pèlerin; je n'aime pas mon fiancé, parce que j'en aime un autre... Ça n'est peut-être pas bien, mais c'est comme ça.

LE PÈLERIN.

Et, puisque c'est comme ça, vous faites bien de le dire.

LA CONTREDANSE.

N'est-ce pas?

LE PÈLERIN.

Il ne faut jamais mentir !

LA CONTREDANSE.

Oh! je suis très-franche.

LE PÈLERIN.

C'est une vertu, mon enfant... mais pourquoi n'aimez-vous pas votre fiancé?

LA CONTREDANSE.

Parce qu'il est bête, prétentieux, vilain et ridicule... il a tous les défauts.

LE PÈLERIN.

Et sans doute son rival...

LA CONTREDANSE.

Oh ! lui, il est gentil, il est gai, spirituel, amusant... il est pétri de qualités, monsieur le pèlerin!

LE PÈLERIN.

Eh bien, mais, alors, il est incontestable qu'il vaut infiniment mieux que l'autre.

LA CONTREDANSE.

N'est-ce pas?

LE PÈLERIN.

C'est mon opinion... Pourquoi donc ne veut-on pas que vous l'épousiez?

LA CONTREDANSE.

Je n'ose pas le faire connaître; il m'a dit que, dans le royaume de la danse, on lui refusait un passe-port.

LE PÈLERIN.

Et vous l'aimez, malgré cela?

LA CONTREDANSE.

Si je l'aime!... Ah! si vous saviez toutes les jolies choses qu'il me dit!

LE PÈLERIN.

Air des *Canotiers*.

Ce qu'il te dit? Il te dit : « Je t'adore !
Ton amour ferait mon bonheur !
A tes genoux, pour le percer encore,
Tiens, voilà mon cœur !
Tiens, tiens, voilà mon cœur! »

(Il jette loin de lui sa robe et son chapeau de pèlerin.)

LA CONTREDANSE.

Vous! vous ici! en pèlerin!

KANKAN.

Oui, c'est moi!... As-tu pu croire que je te laisserais épouser un cocodès comme ce Rigodon?

LA CONTREDANSE.

Comment avez-vous dit?

KANKAN.

J'ai dit cocodès, ou, si tu préfères, jobardinos ou crétinés.

Je suis venu pour t'enlever et te conduire dans ma famille.

LA CONTREDANSE.

Vous avez donc une famille?

KANKAN.

Très-nombreuse... Viens, suis-moi.

LA CONTREDANSE.

Je veux bien; mais pas avant de savoir qui vous êtes, car je ne connais pas même votre nom.

KANKAN.

Voici ma biographie :

Air du *Quadrille d'Orphée.*

D'abord, je naquis Français,
Dans un bal de guinguette;
Mes premiers essais
Ont été de si grands succès,
Qu'aux sons des joyeux pistons,
Aux sons de la trompette,
Au bruit des bravos
J'ai détrôné tous mes rivaux!
J'eus, ma chère,
Le fandango pour papa,
Et pour mère
La brillante cachucha.
Une reine
De Mabille, me servant
De marraine,
M'appela Kankan!
D'origine espagnole,
Quand je cabriole,
Il n'est pas un roi
Plus fier que moi!
La foule satisfaite
M'entoure et me fête;
Je fus le César
Des bals Musard!
Mais mon succès colossal
Dut exciter l'envie,
Et, dans chaque bal,
L'inspecteur me traite assez mal.
Je ne devais pas tomber,
Malgré la pruderie;
Mais, sans succomber,
Partout, je me vois prohiber.
Contredanse,
O toi, mes seules amours,
Ta puissance
Peut me rendre mes beaux jours!
L'alliance,
Qui nous unira tous deux,
Doit, en France,

Faire tant d'heureux!
Ah! réponds à ma flamme!
Viens et sois ma femme!
Le cœur de Kankan
Est un volcan!
Et, pour enfants, j'espère
Te donner, ma chère,
Des p'tits kankaneaux
Bien rigolos!
(Dansant.)
Ah! je crois me voir déjà
Au grand jour de mes noces!
On s'y portera
Et tout le monde y sautera.
Bientôt, toi-même, abdiquant
Tes préjugés féroces,
D'un air provoquant,
Tu danseras comme Kankan!

ENSEMBLE, dansant tous deux.

Oui, je crois me voir déjà
Au grand jour de nos noces!
On s'y portera
Et tout le monde y sautera.
Bientôt, toi- / moi- même, abdiquant
Tes / Mes préjugés féroces,
D'un air provoquant,
Tu danseras comme Kankan!
Je danserai comme Kankan!

(Pendant la reprise, Rigodon paraît au fond, et, stupéfait d'abord, puis furieux, il se met à danser de rage en imitant sa fiancée.)

SCÈNE XI.

LES MÊMES, RIGODON.

RIGODON *.

Ah! voilà les leçons du pèlerin!

KANKAN ET LA CONTREDANSE.

Rigodon!

RIGODON.

Eh bien, c'est édifiant! c'est du propre!

KANKAN, à la Contredanse.

Viens, suis-moi. (Il l'entraîne.)

LA CONTREDANSE.

Ma foi, tant pis!

* Kan. Cont. Rig.

RIGODON *.

Ils se sauvent! (Retenant la Contredanse d'un côté.) Au secours! au secours!

LA CONTREDANSE.

Voulez-vous me lâcher?

KANKAN.

Voulez-vous la lâcher?

RIGODON.

Voulez-vous la lâcher?

KANKAN, lui sautant au collet.

Ah! morbleu!

RIGODON.

A la garde! (Toute la noce accourt par le fond.)

SCÈNE XII.

LES MÊMES, TOUS LES PERSONNAGES DE LA NOCE, puis QUATRE HOMMES et UN CAPORAL.

FINALE.

Air de MONTAUBRY. (*Semaine à Londres.*)

RIGODON **.

Au secours! au secours!
C'en est fait de mes jours!
C'est affreux!
Odieux!
Je suis furieux!
Quoi! c'est un séducteur
Qui me vole son cœur!
Quel malheur! (*bis*)
Craignez ma fureur!

KANKAN ET CONTREDANSE.

Il appelle au secours!
Empêcher nos amours!
C'est affreux!
Odieux!
Pauvres amoureux!
Malgré notre douleur,
Et malgré ma / sa fureur,
Quel malheur! (*bis*)
Me ravir son cœur!

LES AUTRES.

On appelle au secours!
Attendez-moi, j'accours.

* Rig. Contr. Kan.
** Vals. Lanc. Rig. Contr. Gav. Fric. Men. Mon. Kan. Cotil. Sabot., les autres au fond.

Eh quoi! deux
Amoureux
S'offrent à nos yeux!
Ce pèlerin menteur
Était un séducteur...
Quelle horreur! (*bis*)
Craignez ma fureur!

MENUET, à la Fricassée.

Vite, allez me chercher la garde!

(La Fricassée parle à un marmiton, qui sort en courant par le fond.)

RIGODON.

Là, sous mes yeux il voulait l'enlever!

MENUET ET LA GAVOTTE.

Enlever ma fille!

KANKAN, à Rigodon, pendant que la Monaco et le Cotillon le retiennent.

Prends garde! prends garde!

RIGODON, se cachant derrière les autres.

Non, je puis te braver...
Prêt à se sauver,
Il voulait l'enlever!

MENUET.

Attendez donc! oui, c'est lui, c'est Kankan!
Le créateur de la danse orageuse!

KANKAN.

Oui, c'est bien moi!... mon âme audacieuse
Vient vous braver dans votre camp...
Et ma victoire ici n'est pas douteuse.

(On voit paraître au fond quatre hommes et un caporal.)

CHŒUR.

Là-bas, là-bas! (*bis*)
Les soldats! les soldats!

LA CONTREDANSE.

Des soldats!

KANKAN.

Lâches que vous êtes!

RIGODON.

Conduisez ce perturbateur au violon!

LA CONTREDANSE.

En prison!

KANKAN, au milieu des soldats.

Toujours d'une prison
Je m'élance à d'autres conquêtes!

CHŒUR.

C'est bon, c'est bon, c'est bon!
En prison! en prison!

REPRISE ENSEMBLE.

RIGODON.

Traitez avec rigueur
Cet affreux séducteur!
C'est affreux,

Odieux!
Je suis furieux!
Quoi! c'est un séducteur
Qui me vole son cœur!
Quel malheur! (*bis*)
Craignez ma fureur!

KANKAN ET LA CONTREDANSE.

Rire de ma douleur!
M' / L' appeler séducteur!
C'est affreux!
Odieux!
Pauvres amoureux!
Malgré notre douleur,
Et malgré ma / sa fureur,
Quel malheur! (*bis*)
Me ravir son cœur!

LES AUTRES.

Traitez avec rigueur
Cet affreux séducteur!
C'est affreux!
Odieux!
Oui, c'est scandaleux!
Ce pèlerin menteur
Était un séducteur!
Quelle horreur! (*bis*)
Craignez ma fureur!

(Pendant ce chœur, Kankan repousse les soldats, en même temps que la Contredanse repousse ses parents; ils se précipitent dans les bras l'un de l'autre. On les sépare de nouveau.)

DEUXIÈME TABLEAU

Un salon chez la Fricassée; une grande table servie au milieu du théâtre; petite table à droite avec plumes et encre; porte au fond.

SCÈNE PREMIÈRE.

LA FRICASSÉE, LA RONDE, LA POULE, LA SABOTIÈRE, LE COTILLON, LA GAVOTTE, LA CONTREDANSE, RIGODON, LA VALSE, MENUET, LE LANCIER, LA PASTOURELLE, LE GALOP, LA BOURRÉE, LA MONACO, tous assis à la table et en train de banqueter, LE PANTALON et L'ÉTÉ, à la petite table.

CHŒUR.

Air : ritournelle de *l'Ours et le Débardeur*.

C'est le banquet des accordailles,
Faisons sauter plus d'un bouchon.

Tous, à l'unisson,
Sablons le picton,
Fêtons les fiançailles
De Rigodon,
Don!

TOUS.

A la santé des fiancés!

MENUET.

A leurs nombreux enfants!

TOUS.

Ah!

RIGODON, se levant.

Oui, mes bons parents... oui, mes excellents amis... j'accepte ce *kiosque* à ma progéniture... (Il se rassied.)

MENUET.

Mon gendre, vous buvez trop!

LA GAVOTTE.

En voilà un jeune homme qui s'arrose le bec! (On rit.)

RIGODON.

Le bec!... J'ai un bec?

LA CONTREDANSE.

Pardine!... les dindons en ont bien.

RIGODON.

Ah! les tourterelles aussi... car je vous aime... Contredanse! Oh! mon cœur! (Il tend les bras vers la Contredanse et trébuche.)

TOUS, riant.

Bravo! Rigodon.

MENUET.

Mon gendre, vous allez vous griser.

LE COTILLON.

C'est permis... un jour de noce.

LA FRICASSÉE.

Certainement. (Levant son verre.) Rigodon, à ta santé!...

RIGODON.

Oui, à ma santé!... (Il se penche pour embrasser la Contredanse, qui le repousse.)

LA CONTREDANSE.

Ah! l'horreur d'homme!

LA GAVOTTE, à Rigodon.

Embrasser ma fille devant nous!... Ah çà! est-ce que vous nous prenez pour des cocottes?

RIGODON.

Comment! je ne peux pas embrasser ma femme?

LA CONTREDANSE.

Oh! votre femme! je ne la suis pas encore!

RIGODON.

C'est tout comme... puisque le tabellion va venir tout à l'heure pour fondre nos destinées.

LA MONACO.

Vous embrasserez quand le tabellion les aura fondues.

RIGODON.

Aura fondu quoi ?

LA MONACO.

Vos destinées... Est-y bête !

LA CONTREDANSE.

Moi, je n'embrasserai jamais que celui que j'aimerai.

LA MONACO.

Allons donc ! tous les jours on épouse, on embrasse, et ça ne prouve rien. Voyons, Gavotte, entre nous, là, est-ce que vous aviez de l'amour pour Menuet, quand vous l'avez épousé?

LA GAVOTTE.

Moi ! de l'amour ? Oh ! là là !... Passez-moi le saladier.

LA MONACO.

Vous voyez bien !

MENUET, à la Gavotte, en se levant.

Madame, soyez convenable !

LA GAVOTTE, à Menuet.

Passez-moi le saladier... et ne faites pas le malin. (Menuet lui passe le saladier et se rassied.)

RIGODON.

D'ailleurs, il faudra bien qu'elle m'aime, puisque mon rival est dans les fers.

LA MONACO.

Pauvre Kankan !

LA FRICASSÉE.

Vous le plaignez?... Un petit vagabond !...

LE COTILLON.

Ça ne fait rien... il est gentil...

LE LANCIER.

Il me plaît, ce galopin là !

RIGODON.

Mais pourquoi nous en occuper, puisqu'il est en prison ?

LA FRICASSÉE.

Il est donc condamné ?

RIGODON.

Ah ! ç'a été superbe !... et c'est là qu'il a été d'un canaille !... Figurez-vous que la patrouille le mène au violon... alors, on lui dit : « Vous avez levé la jambe... vous savez que c'est défendu... même que la salle Barthélemy a reçu son petit galop. »

TOUS.

La salle Barthélemy ! Qu'est-ce que c'est que ça?

RIGODON.

La salle Barthélemy ?... Dame ! je suppose que c'est un nommé Barthélemy qui donne des soirées où on lève le pied... C'est quelque ancien coulissier, probablement.

MENUET.

Continuez, mon gendre.

TOUS.

Oui... l'histoire! l'histoire!

RIGODON.

On lui dit : « Vous avez levé la jambe... qu'avez-vous à répondre?... » Vous ne savez pas ce qu'il a répondu?...

TOUS.

Non.

RIGODON.

Il a répondu : « Flûte! à Chaillot, les gêneurs! »

TOUS.

A Chaillot!

RIGODON.

Oui... il paraît que c'est un mot qui se dit à la salle de M. Barthélemy. Bref, il a été condamné à quinze jours de violon.

LA CONTREDANSE, pleurant.

Oh! mon pauvre Kankan!

LA VALSE.

Petite sœur, il en sortira!

MENUET.

Ma fille... ne pleurez pas... c'est indécent!...

RIGODON.

Non... du vin!... de la gaieté!... Ah! la Ronde, chantez-nous-en une de ronde.

LA RONDE.

Je suis enrhumée.

RIGODON.

Eh bien... à vous, ma jolie fiancée...

LA CONTREDANSE.

Que je chante... moi?

RIGODON.

Oui, oui!...

TOUS.

Oui, oui!...

LA CONTREDANSE, se levant.

Eh bien, puisque vous le voulez, monsieur Rigodon, je vais chanter... Tant pis pour vous!

TOUS, avec joie.

Ah!

LA CONTREDANSE.

Air nouveau de M. VICTOR CHÉRI.

I

Le papa de Nicette
Lui donna pour mari

Le vieux fermier Landry. (*bis*)
Si la noce fut faite
Avec ce mari-là,
N'en blâmez pas Nicette,
Car ce fut la faute à...

TOUS.

A, à, à, à?

LA CONTREDANSE.

La faute à son papa!
Eh! allez donc! (*bis*) allez donc, turlurette! } *bis*
Eh! allez donc! (*bis*) turlurette, allez donc! } *en chœur.*

MENUET, se levant.

Assez!... en voilà assez!...

RIGODON, souriant.

Mais non, je ne la trouve pas mauvaise, moi!...

MENUET.

Ma fille, je m'oppose...

LA GAVOTTE.

Théophile, ne faites pas le malin... asseyez-vous! (On fait asseoir Menuet.)

LA CONTREDANSE, souriant.

Deuxième couplet.

II

Deux mois après l'emplette
De ce vieux roquentin,
Nicette vit Colin. (*bis*)
Si la pauvre fillette
Aima ce garçon-là,
N'en blâmez pas Nicette,
Car ce fut la faute à...

TOUS.

A, à, à, à?

LA CONTREDANSE.

La faute à son papa!
Eh! allez donc! (*bis*) allez donc, turlurette! } *bis*
Eh! allez donc! (*bis*) turlurette, allez donc! } *en chœur.*

LA FRICASSÉE.

Au troisième couplet!...

RIGODON.

Non, non... assez comme ça!

LE LANCIER.

Silence, Rigodon!...

RIGODON, se levant vivement.

Ah! beau-père, arrêtez-la!

MENUET, souriant.

Mais non... Je ne la trouve pas mauvaise...

LA FRICASSÉE.

Moi non plus... La chanson!

TOUS, se levant.

La chanson !...

RIGODON.

Mais c'est une indignité !... (On descend sur le devant.)

LA GAVOTTE.

Ah çà ! est-ce qu'il ne va pas finir ?

LA FRICASSÉE.

Passez-moi le mari !...

LA CONTREDANSE, riant *.

Troisième couplet !

III

Le mari de Nicette
Eut, avec cet affront,
Deux bosses à son front : *(bis)*
Il tomba sur la tête !
Mais de ces bosses-là
N'accusez pas Nicette,
Non, ce fut la faute à...

CHOEUR.

A, à, à, à ?

LA CONTREDANSE.

La faute à son papa !
Eh ! allez donc ! (*bis*) allez donc, turlurette ! } *bis*
Eh ! allez donc ! (*bis*) turlurette, allez donc ! } *en chœur.*

TOUS.

Bravo !... (Pendant ce couplet, les marmitons sont venus enlever la grande table.)

RIGODON.

Non, pas bravo, on ne chante pas de ces choses-là à son mari un jour de noce... c'est pas gentil !

PREMIER MARMITON, du fond.

Voilà M. le tabellion !

TOUS.

Le tabellion !... Vivat !

SCÈNE II.

LES MÊMES, KANKAN, déguisé en vieux tabellion, grande robe noire, perruque, lunettes sur le nez, un portefeuille sous le bras, une tabatière à la main.

KANKAN, entrant par le fond **.

Oui, mes petits enfants, c'est moi. Est-ce que je suis en retard ?

* Gal. Sabot. Cotil. Fric. Men. Gav. Contr. Rig. Mon. Vals. Lanc. Bourr. *les autres au fond.*

** Gal. Sabot. Cotil. Fric. Men. Contr. Gav. Kan. Rig. Mon. Vals. Lanc. Bour. *les autres au fond.*

LA CONTREDANSE.

Hélas! non, monsieur le tabellion.

KANKAN.

Qui est-ce qui se marie ici?... (A la Contredanse.) C'est toi, petite?

LA CONTREDANSE.

Hélas! oui, monsieur le tabellion.

KANKAN.

Et le mari... où est-il, le mari?

RIGODON.

C'est moi!

KANKAN.

Ah! c'est ce joli garçon-là? (Riant.) Eh! eh! eh! eh! les maris me font toujours rire.

TOUS.

Les maris!...

LA MONACO.

Est-ce que vous n'êtes pas pour le mariage, monsieur le tabellion?

KANKAN.

Pas pour le mariage, moi, dont c'est l'état!... Le mariage, mais c'est la providence des tabellions; n'est-ce pas lui qui amène les conversations criminelles, qui font naître les procès en séparation de biens, en séparation de corps?...

MENUET.

Monsieur le tabellion...

KANKAN.

Le mariage?... (Riant.) Oh! oh! oh! oh! mes enfants, le mariage, c'est un livre bien relié, tout doré sur tranche; il séduit les jeunes filles... Quand elles en commencent la lecture, ça leur plaît assez, mais bientôt ça les ennuie, et, un beau jour, elles s'arrêtent à une page, en faisant une corne.

TOUS.

Une corne!

LA GAVOTTE, s'approchant de lui *.

Mais, tabellion!

KANKAN.

Oui, madame, une corne à la page; vous avez dû en faire une ou plusieurs... on en fait quelquefois plusieurs.

LA GAVOTTE, bas.

Mais ça ne se dit pas, tabellion! ça ne se dit pas! (Elle repasse près de Menuet.)

* Gal. Sabot. Cotil. Fric. Men. Contr. Gav. Kan. Rig. Mon. Vals. Lanc. Bour. *les autres au fond.*

RIGODON, à part*.

Il m'ennuie ce tabellion-là.

KANKAN.

Ah! si vous aviez connu mon confrère Grifardin!... Il ne faisait pas un contrat de mariage sans dire au marié :

Air : *Ma Nièce et mon Ours.*

Les femmes sont adorables,
Adorez-les toutes... mais,
Si vous êtes raisonnables,
Ne les épousez jamais!
Voyez la charmante enfant :
Elle sort de son couvent ;
Ah! quel ange gracieux!
Comme elle baisse les yeux!
Mais, après le mariage,
Vous voyez l'ange chéri
Changer vite de langage
Avec le pauvre mari.
« Monsieur, allons à ce bal,
Ou bien je me trouve mal...
Monsieur, je veux des chevaux,
Des dentelles, des chapeaux !
Il me faut une rivière
De diamants... de rubis...
Et je veux pour couturière
La première de Paris. »
Vous rentrez chez vous, hélas!
Mais vous ne la trouvez pas,
Et sa bonne, c'est certain,
Vous dit : « Madame est au bain. »
Au bain, prétexte facile..
Au bain... Ah! Georges Dandin!
A moins d'être à domicile,
Ne croyez jamais au bain.
Puis vous avez des moutards,
Un tas de petits criards :
« Papa! papa! j'ai bobo!
Et je veux faire dodo! »
Niais, que l'hymen embauche,
Puisqu'on a deux mains... on peut
Se marier de la gauche,
Qu'on retire quand on veut.
Les femmes, êtres pervers,
Ah! pour peupler l'univers,
Quand les remplacera-t-on
Par une autre invention?

TOUTES LES FEMMES, parlé.

Ah! mais, dites donc, monsieur le tabellion!

KANKAN.

Les femmes sont adorables..

* Gal. Sabot. Cotil. Fric. Men. Gav. Contr. Kan. Rig. Men. Mon. Vals. Lanc. Bour., *les autres au fond.*

Adorez-les toutes... mais,
Si vous êtes raisonnables, } *bis.*
Ne les épousez jamais! }

RIGODON, à part.

Ah! mais, il m'ennuie ce tabellion-là! (Menuet passe à droite, en calmant les femmes.)

KANKAN.

Mais ces idées, c'étaient celles de mon confrère... Moi, je ne les partage pas, et la preuve, c'est que je suis tout prêt à vous lire le contrat.

MENUET *.

C'est par là que vous auriez dû commencer. (Aux autres.) Allons, vite, faisons une place au tabellion.

RIGODON.

Oui, une place à M. le tabellion!... (Tout le monde remonte. — On avance la petite table.)

KANKAN, qui, pendant qu'on s'occupe de lui faire une place, s'est approché de la Contredanse, bas **.

C'est moi.

LA CONTREDANSE, bas.

Vous, qui donc?

KANKAN, bas, chantant.

Tiens, voilà mon cœur,
Ah! tiens, voilà mon cœur!

LA CONTREDANSE, avec joie, bas.

Lui!... C'est vous?

KANKAN, bas.

Oui, je me suis échappé!

LA CONTREDANSE, de même.

Mais que prétendez-vous?

KANKAN, de même.

Empêcher votre mariage avec Rigodon!

MENUET.

Ça y est...

LA GAVOTTE.

Tout est près...

TOUS.

Ah!... (Tout le monde se range. — Le tabellion s'assied devant la table.)

KANKAN, tirant un papier de son portefeuille ***.

Hum! hum!... (Lisant.) « Par-devant nous, maître tabellion... »

* Le Gal. Sabot. Cotil. Fric. Men. Gav. Contr. Kan. Rig. Mon. Vals. Lanc. Bour., *les autres au fond.*
** Contr. Kan., *les autres au fond.*
*** Gal. Bour. Sabot. Cotil. Mon. Lanc. Fric. Contr. Gav. Rig. Kan. Men. Vals. *les autres au fond.*

LA GAVOTTE.

Passez, passez...

KANKAN.

Je passe. — « Article premier... »

TOUS.

Ah !...

KANKAN.

« Je lègue, par ces présentes, à mon cousin Pichu, ma ferme de Belle-Avoine, et la basse-cour qui en dépend... »

TOUS, avec étonnement.

Hein !

KANKAN.

Silence !... « Je lègue item à mon épouse adorée douze canards, trente poules et deux coqs... » quinze poules et un coq, pour qu'il n'y ait pas de disputes...

RIGODON, étonné.

Qu'est-ce que c'est que ça ?... il m'ennuie ce tabellion-là !

MENUET.

Mais ce n'est pas un contrat !

GAVOTTE.

C'est un testament.

KANKAN.

Tiens ! vous avez raison... j'ai fait erreur... c'est le testament de Pichu... (Cherchant dans son portefeuille.) Allons, bon !

TOUS.

Qu'est-ce qu'il y a ?

KANKAN.

Allons, bon !... je me suis trompé... j'ai pris le testament, et j'ai oublié le contrat... (Il se lève; on range la table.)

TOUS.

Oh !

LA CONTREDANSE, à part.

Je comprends...

RIGODON *, furieux.

Mais ça ne se fait pas, ça, monsieur !.. ça ne se fait pas, ventre de biche !

KANKAN.

Allons, ne vous enthousiasmez pas comme ça !...

RIGODON.

Mais, à ma place, tabellion, il faudrait que vous vous... vous ensouta... enthousmas... ensoutasas... ah ! voilà un mot difficile à prononcer... enthousoutamatelassiez comme je viens de le faire... (A part.) Ça y est...

KANKAN.

C'est un petit malheur... Je vais aller le chercher à mon

* Bour. Sabot. Lanc. Mon. Gav. Contr. Kan. Rig. Men. Fric. Cotil. Valse, *les autres au fond.*

étude... (S'arrêtant, en entendant de la musique au dehors.) Hein ?... Qu'est-ce que c'est que ça ?...

MENUET.

Les crins-crins qui arrivent pour la noce...

KANKAN, se laissant aller au mouvement de la musique.

Des violons !...

RIGODON.

Bravo!... Nous allons tricoter des jambes pendant que M. le tabellion ira chercher le contrat...

KANKAN, dansant sur place.

C'est singulier... Je voudrais m'arrêter, et... Qu'est-ce que j'ai donc ?

LA GAVOTTE.

Monsieur le tabellion est indisposé ?...

KANKAN, dansant plus fort, à mesure que la musique se rapproche.

Mais non... mais non... c'est plus fort que moi... cette musique...

TOUS, le voyant danser.

Ah !...

MENUET, riant.

M. le tabellion qui danse!...

LA CONTREDANSE, à part.

Le malheureux, il va se trahir... (Ici Kankan, entraîné malgré lui par la musique, se laisse aller à danser, et lance son pied dans le nez de Rigodon.)

TOUS.

Oh !...

MENUET.

Mais je le reconnais... c'est lui !... Kankan !...

TOUS.

Kankan !

KANKAN, jetant sa robe et sa perruque.

Eh bien, oui, c'est moi !

MENUET, aux soldats qui paraissent au fond.

A moi, soldats ! Empoignez ce jeune drôle !

KANKAN.

Allons donc ! je l'épouserai malgré vous !

MENUET.

Jamais !

KANKAN.

Une fois, deux fois, trois fois, voulez-vous me donner sa main ?

MENUET.

Non, mille fois non !

KANKAN.

Ah ! c'est comme ça !... Eh bien... v'lin !... v'lan ! (Il jette le contenu de sa tabatière à la figure de tout le monde.)

TOUS.

Oh ! du tabac !...

CHŒUR.

Air : *Polka d'Arban.*

(Ils chantent tous en polkant et en éternuant.)

Atsi !... pour nous affreux accidents !
Sans plus tarder, mettons-le dedans.
Atsi!... courons sans perdre de temps,
Emparons-nous d'eux... morts ou vivants.

KANKAN, à la Contredanse.

Viens, suis-moi, prenons la clef des champs.

RIGODON.

Ah ! comme je tourbillonne !

CONTREDANSE.

C'en est fait, à l'amour je m'abandonne !

(Kankan et Contredanse sortent par le fond.)

RIGODON.

Poursuivons ces indignes amants.

TOUS.

Ah!...
Ah!...
Ah!...
Ah!...
Atsi ! pour nous affreux accidents ! etc.

(Tous éternuent de plus belle. — Le rideau tombe.)

ACTE DEUXIÈME

TROISIÈME TABLEAU

Le théâtre représente un jardin enchanté; maison à droite et à gauche; un banc à gauche sur le devant; au fond, deux statues.

SCÈNE PREMIÈRE.

CONTREDANSE, KANKAN.

(Ils entrent par le premier plan de gauche, en costumes de voyage.)

LA CONTREDANSE.

Mais où me conduisez-vous donc ?

KANKAN.

Nous sommes arrivés.

LA CONTREDANSE.

Arrivés où ?

KANKAN.

Chez une femme qui vient au secours des danses malheureuses, innocentes et persécutées... Vous êtes ici dans le pays de la pantomime.

LA CONTREDANSE.

De la pantomime, un pays où les femmes sont muettes ?

KANKAN.

Mais elles n'y sont ni manchottes, ni bancales.

LA CONTREDANSE.

C'est égal, ne parler d'amour que par signes.

KANKAN.

Eh ! mais l'amour par signes n'est pas dénué de charmes ; d'ailleurs, nous n'avons pas le choix des moyens, nous sommes poursuivis ; dans un instant peut-être votre fiancé nous aura rejoints.

LA CONTREDANSE.

Oh ! plutôt rester muette toute ma vie ! Voyez si je le déteste.

KANKAN.

Hâtons-nous donc. (Il va frapper à la porte de gauche.)

LA PANTOMIME *, en dehors.

Qui est là ?

KANKAN.

Ouvrez... Ce sont deux amants qui vous demandent l'hospitalité.

LA PANTOMIME, en dehors.

Deux amants... Me voilà !

KANKAN.

J'en étais sûr.

SCÈNE II.

LES MÊMES, LA PANTOMIME.

LA PANTOMIME, entrant **.

Des étrangers chez moi !...

KANKAN.

C'est à madame la Pantomime que nous avons l'honneur de parler ?

LA PANTOMIME.

A elle-même...

LA CONTREDANSE, à part.

Tiens, je la croyais muette.

LA PANTOMIME.

Qui êtes-vous? D'où venez-vous?

KANKAN.

Nous arrivons du pays de la Danse.

* Kan. Contr.
** Kan. la Pant. Contr.

LA CONTREDANSE.

Et nous sommes dans la position d'Arlequin et de Colombine.

LA PANTOMIME.

Vraiment?

LE KANKAN.

Mon Dieu, oui... Nous sommes poursuivis par Cassandre et par Pierrot.

LA PANTOMIME.

Une situation que je connais. Elle n'est pas neuve; mais on y revient toujours.

Air du *Pas de Zéphyr*.

Et l'on aura beau
La trouver rococo,
Beau chercher du nouveau
De Paris au Congo,
On ne refera
Que ce qu'on fit déjà,
Et l'on en reviendra
Toujours là. (*bis*)
Le monde, au surplus,
Ne change guère plus,
Car ce sont les amours
Qui le mènent toujours.
Malgré tous nos soins,
Nos filles ont au moins
Toutes deux amoureux,
Quand ils ne sont que deux.
Eh bien, nommez-les
Almanzor, Alvarès,
Bobèche, Olibrius,
Même Hector ou Pyrrhus,
Lucas ou Colin,
Mascarille ou Frontin,
C'est toujours, en un mot,
Arlequin et Pierrot.
Pas de drames sans
Ces éternels amants,
Que le traître poursuit,
Et qu'un père maudit.
Tragique ou bouffon,
Et littéraire ou non,
On marche constamment
Au même dénoûment.
Le père bénit
Le couple qui s'unit;
Le rival est puni...
N-i, c'est fini.
On inventera,

Cherchera,
Changera;
Mais on en reviendra
Toujours là! (*bis*)

KANKAN.

Eh bien, puisque vous connaissez la situation, nous y sommes en plein. Cassandre et Pierrot nous poursuivent sous les noms de Menuet et de Rigodon; il nous faudrait une bonne fée!...

LA CONTREDANSE.

Ou la batte d'Arlequin, pour leur échapper.

LA PANTOMIME.

La bonne fée sera moi, et vous aurez la batte d'Arlequin. Je vais commencer par vous travestir de manière à ce que vous ne soyez pas reconnus... Vous, mon ami, entrez là. (Elle désigne la maison de droite.) Et vous, ma belle enfant, suivez-moi par ici. (Kankan a passé près de la Contredanse.)

LA CONTREDANSE *.

Nous séparer?

LA PANTOMIME.

Il s'agit de changer de costume, et vous ne pouvez devant monsieur...

LA CONTREDANSE, passant près de la Pantomime.

Ah! si c'est pour cela!

LA PANTOMIME **.

Suivez-moi donc.

Air : *Polichinelle a ce matin* (J. Nargeot, *Fille du Diable*).

Dépêchons-nous, ils vont venir.

LA CONTREDANSE ET KANKAN.

Ils vont venir!

LA PANTOMIME.

Un père vous opprime...
Et peut-être qu'à vous unir
La Pantomime
Peut servir.

ENSEMBLE.

La Pantomime peut servir
A vous / nous unir!

(La Pantomime et la Contredanse entrent dans la maison de gauche, et Kankan dans celle de droite.)

* La Pant. Kan. Contr.
** La Pant. Contr. Kan.

SCÈNE III.

MENUET, RIGODON.

RIGODON, entrant par le fond à gauche.

Par ici! par ici!

MENUET, de même.

Arrêtez! arrêtez!... Vous marchez trop vite.

RIGODON.

C'est vous qui marchez trop doucement. (A part.) Quelle charrette que ce vieux-là!

MENUET.

Vous dites?

RIGODON.

Je dis que nous y voilà... Ils ne peuvent être qu'ici.

MENUET.

Ici... où?

RIGODON.

Où... Ici?...

MENUET.

J'entends bien que vous me dites: où... ici... mais, moi, je vous demande; ici... où? dans quel endroit?

RIGODON.

Si je le savais, je n'aurais pas besoin de vous le dire.

MENUET.

Alors, si vous ne le savez pas, pourquoi me le dites-vous?

RIGODON.

Je vous le dis sans le savoir, parce que je le suppose.

MENUET.

Alors, vous me le dites sans savoir ce que vous dites?

RIGODON.

Oh! tenez, je ferais mieux de ne plus vous répondre.

MENUET.

Faites ce que vous voudrez... Je suis fatigué, je me repose... (Il s'assied sur le banc.)

RIGODON, à part.

Vieille grenouille!... (A lui-même.) Ah! s'il n'était pas le père de celle que j'aime... O Contredanse, où es-tu?... qu'es-tu devenue?...

Air de *Laurent de Rillé*.

Mon cœur, ô ma divine,
Vers toi veut s'élancer!...
Il bat dans ma poitrine,
Il bat à tout casser!
A l'aventure, comme un fou,

Je vais, je viens, sans savoir où,
Et je fatigue les échos
De mes soupirs, de mes sanglots !
Tra la la la la, ou, ou, etc.

MENUET, parlé.

Continuez, mon gendre... ça me repose.

RIGODON.

DEUXIEME COUPLET.

O soleil de ma vie,
Étoile de mes nuits,
Triste comme la pluie,
Loin de toi je languis !
Je me dessèche.. et cet amour
Me jouera quelque vilain tour...
J'en ai déjà perdu l'esprit,
Bientôt j'en perdrai l'appétit !
Tra la la la la, ou, ou, etc.

MENUET, se levant.

Nous ferions mieux de nous informer... de demander si on les a vus...

RIGODON.

C'est juste... (Montrant la droite.) Voici une maison... j'y frappe.

MENUET.

Attendez que je fasse avancer nos soldats.

RIGODON.

Non, non ; je leur ai dit d'attendre mon signal ; ne les dérangez pas... Je frappe !.. (Il frappe à la porte de droite. — Musique à l'orchestre.)

SCÈNE IV.

LES MÊMES, KANKAN, en pierrot.

(La porte s'ouvre, Kankan, vêtu en pierrot, et la figure enfarinée, sort de la maison en bâillant. Il étend les bras et donne un soufflet à Rigodon, qui se recule et marche sur le pied de Menuet.)

RIGODON *.

Oh !...

MENUET.

Oh ! prenez donc garde !

RIGODON, regardant Pierrot.

Qu'est-ce que c'est que ça ?

MENUET.

C'est un pierrot.

* Men. Rig. Kan.

RIGODON.

Un pierrot ! Où sommes-nous donc? (Musique. — Pierrot, qui a paru surpris lui-même de la visite qui lui arrive, tourne autour de Rigodon, le regarde des pieds à la tête et de la tête aux pieds.)

RIGODON, parlant sur la musique.

Qu'est-ce qu'il a donc à m'examiner ainsi ?... Il fait mon inventaire.

MENUET.

Mais demandez-lui donc s'il a vu les fugitifs...

RIGODON.

Ah! oui, jeune pierrot... (Pierrot lui fait signe de se taire. Il a été surpris par la voix de Menuet et se met à tourner autour de lui, comme il a tourné autour de Rigodon et en l'examinant de même.)

RIGODON.

Eh bien, quoi donc?

MENUET.

Que me veut-il?

RIGODON.

Est-ce qu'il n'a jamais vu de créatures humaines?

MENUET, à Pierrot.

Ah çà! aurez-vous bientôt fini? (Pierrot lui fait signe de se taire. Il est revenu au milieu et regarde tour à tour Menuet et Rigodon, fait signe que l'un est maigre, que l'autre est gros et se met à rire.)

MENUET *.

Ah! morbleu!

RIGODON.

Ah! pristi!

MENUET.

Nous répondrez-vous?

RIGODON.

Avez-vous vu...

MENUET.

Une jeune fille...

RIGODON.

Vêtue en mariée...

MENUET.

Avec de la fleur d'oranger...

RIGODON.

Et un séducteur.

MENUET.

Un sacripant!

RIGODON.

Une canaille ! qui nous l'a *ravite*. (Pierrot semble consulter ses souvenirs et fait signe que oui, qu'il a vu en effet une jeune fille avec un bouquet de fleurs d'oranger et un garçon très-joli. Ils sont venus se rafraîchir, puis ils sont partis. — Il indique le fond à gauche.)

* Men. Kan. Rig.

MENUET.

Partis?

RIGODON.

Par là? (Pierrot fait signe que oui.)

MENUET.

Vite, courons!

RIGODON.

Courons. (Pierrot rattrape Menuet par le pan de son habit et le fait pirouetter sur Rigodon, qui, s'étant mis à courir, renverse Menuet et tombe lui-même, surpris par le choc.)

MENUET.

Oh!

RIGODON.

Oh!

ENSEMBLE.

Saperlipopette!

RIGODON, à Menuet.

Est-ce que vous devenez fou?

MENUET, à Rigodon.

Pourquoi m'avez-vous tiré?

RIGODON.

Ça n'est pas moi!

MENUET.

Ça n'est pas vous?...

ENSEMBLE, se relevant.

C'est donc lui!... (Pierrot fait signe que oui. Il a donné un renseignement, il veut être payé.)

MENUET.

Te payer?...

RIGODON.

Te payer?

MENUET.

Va te promener!

RIGODON.

Fiche-nous la paix. (Ils remontent, Pierrot les rattrape, les fait redescendre, frappe du pied : « De l'argent! de l'argent! » semble-t-il dire.)

MENUET ET RIGODON.

Non! non! (Pierrot, qui se trouve au milieu, étend les deux bras en même temps et leur donne deux soufflets. Rigodon, furieux, lui en rend un, qu'il rend à Menuet qui le lui rend, et qu'il rend à Rigodon. — Menuet va saisir un bâton, court sur Pierrot qui s'esquive, et c'est Rigodon qui reçoit le coup. — Pierrot rentre dans la maison de droite.)

RIGODON, passant à gauche.

Cristi! pristi! sapristi!

MENUET *.

Il a bien fait de s'en aller!

RIGODON, se tâtant le dos.

Je ne suis pas de votre avis.

* Rig. Men.

MENUET.

Heureusement il nous a indiqué la route suivie par le ravisseur. Hâtons-nous, venez!...

RIGODON.

Un instant, je me méfie de ce Pierrot... Je veux me renseigner ici... (Il désigne la maison de gauche.) Attendez un instant. (Il frappe à la porte.)

SCÈNE V.

LES MÊMES, LA CONTREDANSE, en arlequin.

(Ici, sur une musique très-vive à l'orchestre, un petit arlequin sort de la maison et se met à tourbillonner autour de Rigodon et de Menuet, recommençant la scène précédente; seulement, il accomplit très-vite ce que Pierrot a fait très-lentement. — Le dialogue suivant a lieu pendant les évolutions d'Arlequin.)

MENUET ET RIGODON.

Un arlequin, maintenant!

RIGODON.

Ah! saperlotte! il m'éblouit!

MENUET.

Arrêtez-vous!... Comprenez-vous quelque chose?...

RIGODON.

C'est à devenir fou!... (A Arlequin.) Nous voudrions savoir...

MENUET.

Voulez-vous arrêter?...

RIGODON.

Avez-vous vu?...

MENUET.

Une jeune fille...

RIGODON.

En mariée...

MENUET.

Avec de la fleur d'oranger...

RIGODON.

Et un séducteur?...

MENUET.

Il ne s'arrêtera pas!

RIGODON.

Il m'en donne des vertiges!

MENUET.

Et des inquiétudes dans les jambes.

RIGODON, commençant à danser sur place.

Malgré moi, je gigotte comme lui...

MENUET, de même.

Et moi aussi.

RIGODON, suivant Arlequin en dansant comme lui.

Avez-vous vu?...

MENUET, de même.

Une jeune fille...

RIGODON.

En mariée...

MENUET.

Avec de la fleur d'oranger...

RIGODON.

Et un séducteur? (Arlequin rentre dans la maison de gauche sans leur répondre. Il n'a fait, pendant toute la scène, que danser en tournant autour d'eux.)

MENUET *.

Ouf!

RIGODON.

Ouf!

MENUET.

Je n'en puis plus!

RIGODON.

C'est une mystification!

MENUET.

On se moque de nous!

RIGODON.

C'est évident.

MENUET.

C'est évident.

RIGODON.

Eh bien, rira bien qui rira le dernier!... A moi, soldats!

MENUET.

A lui, soldats! (Ici on voit entrer les quatre hommes et le caporal. — Ils entrent de la gauche.)

RIGODON, au caporal **.

Vos fusils sont chargés?

LE CAPORAL.

A poudre seulement.

RIGODON.

Fourrez-y beaucoup de gros sel et cachez-vous en embuscade derrière ces bosquets. . (Il désigne le fond.) Tenez-vous en joue, et dès que vous apercevrez un Arlequin et un Pierrot... pan, pan, pan, pan, pan, pan!... tirez dessus et partez.

LE CAPORAL.

Un Arlequin et un Pierrot?

RIGODON.

Oui... Tirez sans miséricorde et sauvez-vous ensuite.

* Rig. Men.
** Rig. Capor. Men.

Air : *Titilariti.*

Arlequin va paraître,
Ici Pierrot se rend...
Vous tirez... pan pan, patapan!

TOUS.

Nous tirons...
Vous tirez... pan, pan, patapan!

RIGODON.

Et faites-vous connaître,
En les bien ajustant.
Pan, pan, patapan! (4 *fois.*)

TOUS.

Pan, pan, patapan (4 *fois.*)

(Les soldats se retirent derrière les bosquets. Rigodon se met derrière la statue de gauche, et Menuet derrière celle de droite, tous deux cependant de manière à ce que le public ne les perde pas de vue. La Pantomime paraît sur le seuil de la maison de gauche.)

SCÈNE VI.

LES MÊMES, LA PANTOMIME.

LA PANTOMIME*, à part.

Un guet-apens! Heureusement je suis là.

RIGODON.

Y êtes-vous?

LES SOLDATS, au fond, derrière les bosquets.

Oui.

MENUET.

Attention!

LA PANTOMIME, à part.

Oui, attention! (Elle fait un geste. Rigodon se trouve vêtu en pierrot et Menuet en gros arlequin. Tous les fusils partent. — La Pantomime disparaît.)

PANTOMIME.

Ici Menuet et Rigodon se mettent à courir et font le tour du théâtre en se tenant le derrière; ils poussent des cris sauvages, sans pouvoir articuler un seul mot. Ils sont devenus muets; les soldats se sont sauvés après avoir tiré. Quand ils ont fait deux ou trois fois le tour du théâtre, Menuet et Rigodon se trouvent en face l'un de l'autre; leur surprise. Ils ne peuvent s'expliquer, font signe qu'ils sont muets; leur fureur. Il faut qu'ils se vengent. Menuet court à la porte de gauche, Rigodon à celle de droite; tous deux frappent en même temps.

* La Pant. Rig. soldats, Men.

SCÈNE VII.

CONTREDANSE, MENUET, RIGODON, KANKAN, puis UNE FOULE D'ARLEQUINS et DE PIERROTS.

La Contredanse, toujours en arlequin, se trouve en présence de Menuet, également en arlequin, et Kankan, toujours en pierrot, se trouve aussi en face de Rigodon, en pierrot lui-même. Menuet et Rigodon reculent devant la Contredanse et Kankan, qui s'avancent, et, des deux côtés, ce mouvement s'opère à la manière des arlequins et des pierrots, les premiers faisant de tout petits pas et des mouvements de corps et de tête, les seconds faisant de grands pas et marchant tout roides.

Ici toute une querelle, avec force cascades pour Rigodon et Menuet. Après cette scène, la Contredanse se sauve dans la maison de gauche, et Kankan dans la maison de droite; mais Menuet et Rigodon les ont poursuivis et ont disparu avec eux. Alors, et presque au même instant, on voit ressortir de la maison de gauche Menuet tenant la Contredanse par la main; mais la Contredanse tient elle-même un troisième arlequin, qui en tient un quatrième, et ainsi de suite jusqu'à dix. Alors tous les arlequins se mettent à tourbillonner autour de Menuet, qu'ils finissent par poursuivre à coups de batte, et tous disparaissent au moment où Rigodon sort lui-même de la maison de droite tenant Kankan par la main; Kankan tient un troisième pierrot, qui en tient un quatrième, et ainsi de suite jusqu'à seize.

Ici Rigodon, perdu au milieu des pierrots, cherche en vain Kankan, qui serpente au milieu des autres. C'est une course de pierrots qui continue jusqu'au moment où Menuet rentre, toujours poursuivi par les arlequins. Alors les arlequins se rangent sur une ligne à droite, les pierrots sur une ligne à gauche. Rigodon est parvenu à saisir Kankan, Menuet a saisi la Contredanse. Ils vont les entraîner, mais la Contredanse leur montre une inscription qui vient de tomber du cintre. On lit sur cette inscription :

« *Menuet et Rigodon sont condamnés à danser tous les nouveaux pas importés en France.* »

Ici quatre pierrots descendent sur une ligne, et, arrivés en face du public, se transforment et paraissent vêtus en Polkas. Ils se mettent à danser en enveloppant Rigodon et Menuet, qui subissent l'influence, et dansent aussi, mais en témoignant de leur déplaisir. Vers la fin de la polka, qui doit être courte, quatre autres pierrots descendent en polkant, et, arrivés en face du public, se transforment à leur tour, et paraissent vêtus en italiennes.

Ici la scène précédente recommence, sur un nouvel air et avec un nouveau pas, une tarentelle qui continue jusqu'au moment où quatre nouveaux pierrots descendent, se changent à leur tour en Espagnoles, et dansent une cachucha. Après la nouvelle danse, quatre autres pierrots descendent de même, se changent en Mazurkas, et dansent à leur tour. Alors les Polkas, les Italiennes, les Mazurkas, les Espagnoles, et enfin tous les personnages se mêlent à la danse. — Le rideau baisse sur un ensemble général.

ACTE TROISIÈME

QUATRIÈME TABLEAU

Le théâtre représente une salle de tribunal : à gauche, le siége de l'accusateur ; à droite, celui de l'avocat ; devant, un banc pour le prévenu. Au fond le tribunal, avec des siéges. — On lit sur un grand cartouche : TRIBUNAL CHORÉGRAPHIQUE. — Tabouret à gauche, pour l'huissier.

SCÈNE PREMIÈRE.

LE CARNAVAL, puis LES BALS CHAMPÊTRES.

LE CARNAVAL, *entrant par la gauche.*

Personne encore !... Et l'heure de l'audience approche... Hâtons-nous !... (*Il prend un petit cornet à pistons pendu à sa ceinture et fait un appel. L'appel est répété dans le lointain.*) Ils arrivent... (*Il prête l'oreille et recommence son appel. — Plusieurs personnages (femmes) très-élégamment vêtus entrent de différents côtés. — Ils représentent les Bals champêtres. — Tous portent un petit cornet à pistons suspendu à la ceinture.*) Ah ! les voici !...

LES BALS CHAMPÊTRES.

Air des *Diamants de la Couronne.*

Nous arrivons,
Nous accourons ;
Chacun de nous fidèle
Du piston
Qui l'appelle,
A reconnu le joyeux son.

LE CARNAVAL, *les réunissant autour de lui.*

Vous avez entendu mon signal d'alarmes ? ..

L'UN DES BALS *.

Oui... Que se passe-t-il donc ?

LE CARNAVAL.

Quelque chose d'affreux !

TOUS.

Bah !

LE CARNAVAL.

Chut !... Un grand danger nous menace... et si nous ne parvenons pas à le conjurer, vous, les Bals champêtres... et moi, le Carnaval de Paris, nous sommes tous perdus !...

* Le Car. pr. bal.

TOUS, effrayés.

Perdus !...

LE CARNAVAL.

Flambés, démolis... coulés !...

PREMIER BAL.

On nous exproprie ?...

LE CARNAVAL.

Mieux que cela... Kankan est arrêté !...

TOUS.

Eh bien ?

PREMIER BAL.

Qu'est-ce que ça fait ?...

LE CARNAVAL.

Sans doute... s'il ne s'agissait que du violon... voire même de la correctionnelle... je vous dirais : Ce n'est rien... ça le connaît... c'est dans ses habitudes... il nous reviendra plus gai, plus vif que jamais !... Mais regardez... (Leur montrant l'inscription qui est au fond du théâtre.) Il s'agit du tribunal des Danses...

TOUTES.

Le tribunal des Danses !...

LE CARNAVAL.

Vous savez que, depuis quelque temps, Kankan est amoureux de cette petite mijaurée de Contredanse... Dernièrement il l'a enlevée à la barbe de Menuet et de la Gavotte. Ils étaient parvenus à se soustraire à leurs recherches... Mais, hier, au moment de quitter le royaume de la Pantomime, où ils s'étaient réfugiés, ils ont été pincés.

PREMIER BAL.

Comment !... le Menuet...

LE CARNAVAL.

Le Menuet a pincé le petit Kankan... Toute la famille des Danses est furieuse... Dans quelques instants elles vont se réunir ici pour le juger... et leur intention est, dit-on, de le condamner à mort...

TOUS, avec horreur.

Oh !

LE CARNAVAL.

Je vous le demande, que deviendrions-nous sans lui ?... Plus de bal Mabille !... plus de Château des Fleurs !... plus de Carnaval !...

PREMIER BAL.

Nous ne le souffrirons pas !

TOUS.

Non !... non !...

LE CARNAVAL.

Air nouveau de M. VICTOR CHÉRI.

Vite, vite, vite, qu'on s'empresse !
Son règne est le règne du plaisir,

Et pour la gaîté, pour la jeunesse,
Non, jamais Kankan ne doit mourir!
Malgré l'anathème
De Menuet lui-même,
On admire, on aime
Son joyeux essor!
Sans lui plus de fête!
Déroute complète!
Le plaisir s'arrête,
Si Kankan est mort!

TOUS

Vite, vite, vite, qu'on s'empresse, etc.

PREMIER BAL.

Mais que faire ?

LE CARNAVAL.

J'ai une idée... Kankan a de nombreux amis... occupez-vous de les réunir... (On entend sonner le timbre d'une horloge.) L'heure de l'audience!... Suivez-moi... je vous dirai tout... et je vous jure que nous le sauverons!...

TOUS.

REPRISE.

Vite, vite, vite, qu'on s'empresse, etc.

(Le Carnaval et les Bals sortent par la gauche. — La scène est vide. — L'orchestre attaque l'air de la marche de Tannhauser, et toutes les danses du premier acte, moins le Kankan, la Contredanse et Rigodon entrent par la droite, en costumes de juges. — Elles défilent processionnellement deux par deux, et vont s'asseoir sur les siéges du tribunal. Une foule de curieux les précède et se place debout à droite et à gauche.)

SCÈNE II.

LA GAVOTTE, LA MONACO, MENUET, LA FRICASSÉE, LA POULE, etc.; — FOULE DE CURIEUX, puis RIGODON, puis KANKAN, puis LA CONTREDANSE.

LA GAVOTTE, entrant la première et annonçant.

Le tribunal !

CHŒUR.

Air de *la Marche du Tannhauser*.

Amis, il faut ici,
Sans pitié ni merci,
Que justice se fasse!
Il faut aussi
Punir l'audace
De Kankan, qui
Dans nos bals a tout envahi.

(Dès que tout le monde est placé, Menuet se lève et agite la sonnette. — Rumeur dans la foule.)

MENUET.

Huissier, faites faire silence !...

LA GAVOTTE.

Silence !...

MENUET.

Je ne vois pas la partie plaignante...

RIGODON, entrant précipitamment par la droite, de nombreux papiers sous le bras.

Présent !... J'avais perdu ma toque. .

MENUET *.

Maître Rigodon, prenez place... (Rigodon va s'asseoir à gauche, au banc de l'accusation.) Introduisez le prévenu !... (Mouvement de curiosité dans l'auditoire. Kankan entre par la gauche, escorté de quatre hommes et un caporal.)

LA GAVOTTE, annonçant.

L'accusé Kankan !

MENUET.

Accusé Kankan, allez vous asseoir.

KANKAN, se mettant à cheval sur le banc des prévenus **.

Hop là !...

MENUET.

Accusé... n'aggravez pas votre position par votre tenue... ou plutôt par votre manque de tenue... Placez vos deux jambes à côté l'une de l'autre...

KANKAN.

Mes jambes m'appartiennent... je les place comme je veux.

RIGODON.

Soldats, prouvez à l'accusé que ses jambes ne lui appartiennent pas...

KANKAN, arrêtant les soldats du geste.

C'est bon... pas de violence... on y va... (Il s'assied comme il faut.)

MENUET.

Mais qui défendra l'accusé ?

KANKAN.

L'accusé se défendra lui-même.

MENUET.

Je vous défends de vous défendre. Nous allons vous nommer un avocat d'office.

LA CONTREDANSE, entrant, en avocat, des papiers sous le bras ***.

Un avocat d'office... voilà !

KANKAN, allant à elle.

La Contredanse !...

LA CONTREDANSE.

Kankan !... (Ils se jettent dans les bras l'un de l'autre.)

* Gavot. Rig. Mon. Men. Fric.
** Gavot. Rig. Mon. Men. Fric. Kan.
*** Gavot. Rig. Mon. Men. Fric. Contr. Kan.

MENUET ET RIGODON, criant.

Séparez!... séparez! (Les soldats les séparent.)

LA GAVOTTE.

Ma fille en avocat!... c'est du propre!...

MENUET.

Comment!... petite malheureuse... vous oseriez...

LA CONTREDANSE.

La défense est libre... Allez-y...

MENUET.

Le tribunal va en délibérer...

KANKAN ET LA CONTREDANSE, criant.

Non!... non!...

LA FOULE, sur l'air des Lampions.

L'a-vo-cat! l'a-vo-cat!

LA GAVOTTE, criant.

Silence!...

MENUET, agitant violemment sa sonnette et calmant le tumulte.

L'incident est vidé... le tribunal chorégraphique admet l'avocat.

TOUS.

Ah!...

MENUET.

Ma fille, allez vous asseoir.

LA CONTREDANSE.

On y va!... (Elle va s'asseoir sur les genoux de Kankan.)

MENUET ET RIGODON, criant.

Pas là!... pas là!...

LA GAVOTTE.

Avocat, vous vous trompez de siége.

MENUET ET RIGODON.

Soldats, séparez!... séparez!... (Les soldats les séparent. — La Contredanse va s'asseoir au banc de la défense, derrière Kankan.)

MENUET *.

Rigodon... lisez-nous les chefs d'accusation.

TOUS.

Ah!...

MENUET.

Silence tout le monde!...

LA GAVOTTE.

Taisez vos becs!

RIGODON, lisant.

Air de la *Complainte du Pont des Soupirs.*

Kankan, c'est bien prouvé, n'est,
Oui, n'est qu'un fort mauvais sujet,
Ingambe...
Gambe... (*trois fois.*)

* Gavot. Rig. Mon. Men. Fric. Kan. Contr.

TOUS.

Gambe! (*trois fois.*)

BIGODON.

Mais charmant il fut trouvé;
Comme lui chacun a levé
La jambe...
Jambe. (*trois fois.*)

TOUS.

Jambe! (*trois fois.*)

BIGODON.

Car le monde, en vérité, (*bis*)
N'a jamais si bien sauté.

TOUS.

Car le monde, etc.

BIGODON.

Oui, Kankan tout d'abord n'a-
Vait un peu de succès qu'à la
Courtille...
Tille. (*trois fois.*)

TOUS.

Tille. (*trois fois.*)

BIGODON.

Détrônant le Cotillon,
A présent et partout, dit-on,
Il brille!
Brille. (*trois fois.*)

TOUS.

Brille. (*trois fois.*)

BIGODON.

Car le monde, en vérité, (*bis*)
N'a jamais tant tricoté.

TOUS.

Car le monde, etc.

BIGODON.

Kankan est bien certain de
Se trouver condamné pour le
Principe,
Cipe. (*trois fois.*)

TOUS.

Cipe. (*trois fois.*)

BIGODON.

Dans le monde où l'on ira
Qu'à jamais disparaisse la
Tulipe.
Lipe. (*trois fois.*)

TOUS.

Lipe. (*trois fois.*)

BIGODON.

Car le monde débordé (*bis*)
N'a jamais tant cascadé.

TOUT.

Car le monde, etc.

TOUS.

Bravo ! bravo !...

LA GAVOTTE.

Silence !...

MENUET.

Silence !... Nous allons procéder à l'interrogatoire de l'accusé... Accusé, levez-vous !... Votre nom ?

KANKAN, se levant.

Kankan.

MENUET.

Votre pays ?

KANKAN.

L'univers... On commence à me pincer dans la Nouvelle-Calédonie... on me pince un peu partout...

MENUET.

Vous devriez avoir la pudeur de ne pas en convenir... Je continue... Votre profession ?

KANKAN.

Je gigotte... je gigotte... (Il fait des gestes.)

MENUET.

Assez !... assez !...

LA FRICASSÉE.

Pardon, monsieur le président.

MENUET.

Vous avez la parole.

LA FRICASSÉE.

Je vois dans le dossier de l'accusé qu'il a déjà passé deux cents quinze nuits au violon. (A Kankan.) Ce chiffre est-il exact ?

KANKAN.

A peu près, mon bon juge... plutôt plus que moins...

TOUS.

Oh !...

LA MONACO.

Je demanderai à l'accusé s'il a des moyens d'existence ?

KANKAN.

Naturablement... puisque j'existe.

LA MONACO.

Ce n'est pas une raison... Quels sont-ils?

KANKAN.

Le champagne frappé, et les écrevisses bordelaises.

MENUET.

Vous vous nourrissez bien.

KANKAN.

On fait ce qu'on peut... on fait ce qu'on peut...

MENUET.

Assez !... La parole est à la partie plaignante... (Grande rumeur dans la foule.) Huissier, faites faire silence !

LA GAVOTTE.

Taisez-vous donc, tas de brailiards!... (Le silence se rétablit.) Allez-y, Rigodon...

RIGODON. Il se lève, tousse, se mouche, et prend enfin la parole.

Mesdames et messieurs les juges.. Un mot, et je finis..Jamais cause plus intéressante ne fut portée devant vous... En plein dix-neuvième siècle, messieurs, une danse s'est introduite en France... Quoique répudiée par le bon goût, elle envahit, elle épouvante le monde, attristé, consterné, épaté!...

KANKAN.

As-tu fini?

MENUET.

Silence!...

LA CONTREDANSE.

Si la défense n'est pas libre... flûte!...

MENUET.

Vous aurez la parole tout à l'heure... Laissez parler la partie plaignante.

TOUS.

Oui... oui...

RIGODON.

Un mot, et je finis.. Cette danse, qui consiste à faire le grand écart en société... cette gymnastique insensée s'est pratiquée d'abord en cachette, et dans les bas-fonds d'une société immorale et voltairienne... Mais, chose horrible, messieurs! cette danse macabre a gagné les théâtres... La presse s'indigne, le public s'indigne... les ouvreuses s'indignent... l'impudeur des vaudevillistes est à son comble... La semaine dernière, messieurs, aux stalles d'orchestres du théâtre des Variétés, de pauvres jeunes gens se cachaient la figure... Sept d'entre eux se sont trouvés mal... d'indignation... Il a fallu les emporter... Arrêtons et comprimons ce torrent qui menace d'entraîner dans les flots tumultueux d'une fantaisie abracadabrante les principes salutaires d'une philosophie qui, développée par des hommes d'élite, peut seule s'opposer à ces esprits chagrins qui, armés du drapeau du progrès, poussent le monde à un de ces cataclysmes qui jettent dans le doute les populations en délire...

MENUET.

Respirez, Rigodon, respirez...

RIGODON.

Un mot, et je finis... Il y a dans Paris le bal Montesquieu... Eh bien, messieurs, si Montesquieu pouvait revivre, s'il entrait dans le bal qui porte son nom, cet homme de lettres serait indigné...

TOUS.

Bravo, bravo!...

MENUET.

Toutes marques d'approbation ou d'improbation sont sévèrement défendues... Si les juges font du bruit, on va les faire sortir.

TOUS.

Oh!...

LA MONACO.

Mais alors comment jugerez-vous?

MENUET.

Je jugerai tout seul.

LA MONACO.

Vous ne pouvez pas... vous n'en avez pas le droit!

MENUET.

Comme président, je me le donnerai... Huissier, réclamez le silence!

LA GAVOTTE.

Silence... ou l'on vous fiche tous à la porte!

RIGODON, *plaidant.*

Un mot, et je finis... Si telle est la danse contemporaine, que sera donc la danse de l'avenir?... Mais dans dix ans, messieurs, nos filles danseront sur la tête... nos épouses déserteront nos foyers pour aller faire comme ça. (*Il remue les bras.*) Le grand écart sera fade... Elles gambaderont sur des trapèzes... elles feront des culbutes et des sauts périlleux... Arrêtons ce débordement, messieurs... Arrêtons et comprimons ce torrent qui menace d'entraîner dans les flots tumultueux...

MENUET, *agitant sa sonnette à tour de bras.*

Vous avez déjà dit ça! vous avez déjà dit ça!...

RIGODON.

C'est possible, mon président.. mais ça peut se dire deux fois. (*Plaidant.*) Un mot, et je finis... Frémissez, messieurs... ou, pour mieux dire, frémissons tous, car l'étranger nous regarde danser, et il redemande ses passe-ports... Il faut sévir, pendant qu'il en est temps encore... Je demande, messieurs, que, pour la première fois, l'accusé Kankan soit condamné à mort... nous verrons ensuite... Et, si j'ai réussi à arrêter ces débordements fatals d'une chorégraphie nouvelle, alors je pourrai mourir, messieurs... car j'aurai travaillé pour l'humanité et pour la société... pour la société de l'humanité... et pour l'humanité de la société. (*Il se rassied; tout le monde pleure et se mouche.*)

LA CONTREDANSE, *se levant.*

A mon tour!

MENUET.

La parole est au défenseur.

TOUS.

Ah!

LA GAVOTTE.

Silence donc!... Je m'égosille!...

LA CONTREDANSE, plaidant, après avoir toussé, craché, relevé ses manches, etc.

Messieurs, les éloquentes paroles que vous venez d'entendre vous ont prouvé, comme à moi, jusqu'où peuvent aller l'idiotisme, l'imbécilité et le crétinisme d'un homme...

RIGODON, bondissant.

Permettez, permettez!...

LA CONTREDANSE.

Si je ne puis pas parler, je me rassieds. (Elle se rassied.)

MENUET.

Calmez-vous, Rigodon.

RIGODON.

On m'insulte!

MENUET.

C'est le droit de la défense... Continuez, maître... chose.

LA CONTREDANSE.

Que parlez-vous de torrents dévastateurs?...Quels sont ces cataclysmes dont vous nous menacez? « Quousque tandem, Rigodon, abutere patientia nostra? » comme dit Cicéron... Quand cesserez-vous cette rengaine? Dans dix ans, dites-vous, on dansera sur la tête... Où sera le mal? qui osera s'en plaindre?... Vous parlez de Montesquieu... L'avez-vous lu?... Savez-vous ce qu'il dit, chapitre XV, page 26, de son livre de *l'Esprit des lois?* (Ouvrant un bouquin.) Il approuve Auguste, qui permettait aux jeunes gens des deux sexes d'aller aux fêtes lupercales... Or, qu'est-ce que c'était que les fêtes lupercales, sinon l'endroit où s'exécutait la gymnastique de mon client... car cette danse est vieille comme le monde... Mon adversaire vous l'aurait dit, s'il n'était un de ces idiots auxquels l'histoire est complètement étrangère.

RIGODON, bondissant.

Permettez...

LA GAVOTTE.

Silence donc!...

MENUET.

Silence, ou je vous fais sortir!... Soldats, empêchez les interruptions.

RIGODON.

Mais, nom d'un nom!...

LA GAVOTTE.

Silence! (Aux soldats qui sont passés près de Rigodon.) Asseyez-vous dessus! (On fait asseoir Rigodon.)

MENUET, à la Contredanse.

Continuez, maître... machin.

LA CONTREDANSE, plaidant.

Je le répète, cette danse est vieille comme le monde... « Sicut mundum! » Samson l'a dansée avec Dalila!...

RIGODON.

Je nie le fait.

LA CONTREDANSE.

J'ai des certificats de l'époque... (Elle frappe sur ses papiers.) Je puis les mettre sous les yeux du tribunal... Richelieu l'a dansée devant Anne d'Autriche.

RIGODON.

C'était la sarabande !

LA CONTREDANSE.

Non !

RIGODON.

Si !

LA CONTREDANSE.

Non !

RIGODON.

Paix !...

LA CONTREDANSE.

Je maintiens l'assertion !... (Frappant sur ses papiers.) J'en ai des preuves légalisées... « Probantibus ipsis... » Soyons de notre siècle, messieurs, aimons ce qui est jeune, ce qui est beau... ce qui plaît... ne vous laissez pas influencer par les scrupules d'une morale exagérée... n'hésitez pas à absoudre... messieurs... proclamez l'innocence de Kankan... « Innocentiam Kankani... » Je dirai même plus, ouvrez-lui vos bras, comme je lui ouvre les miens... et pressez-le sur votre cœur comme je vais le presser moi-même. (Elle descend vivement de son banc et se précipite dans les bras de Kankan, qui l'embrasse à plusieurs reprises.)

LA FOULE.

Bravo ! bravo !

MENUET ET RIGODON, criant.

Séparez !... séparez !... (Les soldats les séparent.)

KANKAN.

Je remercie mon avocat.

LA GAVOTTE.

Remerciez... mais n'embrassez pas.

MENUET, agitant sa sonnette.

L'incident est vidé... Accusé Kankan, avez-vous quelque chose à ajouter pour votre défense ?

KANKAN.

Oui, messieurs, peu de chose... un mot, et je finis... Mes premiers pas dans le monde furent déplorables. Né de parents honnêtes, mais cascadeurs, mes jambes se sont élevées au-dessus de tous les préjugés rococos qui entravaient les élans de ma jeunesse. J'en conviens, je me suis oublié dans les enivrements tumultueux d'une danse orageuse... mais, qui n'a pas été jeune ?... qui n'a pas commis d'erreurs ?... et, sans les erreurs de la jeunesse, où seraient les progrès de l'avenir ? Des bals champêtres, je me suis glissé sur les petits théâtres... les journaux ont crié, mais le public a souri et la critique était désarmée !

Air nouveau de M. Victor Chéri.

Taratatatata!
C'est au son
Du piston,
Taratatatata.
Que je m'élançai là!
Taratatatata!
Rien qu'à ce début-là,
Taratatatata!
On souriait déjà!
Mais d'allures j'avais changé,
Mais je m'étais bien corrigé;
J'étais gai, sans être effronté,
Et j'entraînais par ma gaîté!...
Taratatatata!
Les grands parents déjà,
Taratatatata,
Fredonnaient cet air-là :
Taratatatata!
D'abord le grand-papa,
Taratatatata,
Le premier se risqua.
« Ce n'est que cela, disait-on...
Moquons-nous du qu'en dira-t-on. »
Et les hommes du meilleur ton
S'élançaient au son du piston.
Taratatatata !
Mon exemple entraîna,
Taratatatata !
Chacun se démena,
Taratatatata!
Le monde gambada;
En l'air chacun leva
Les bras, les pieds, et cætera.
(Dansant.)
Taratatatata!
Taratatatata!... (*huit fois.*)

(Sur cette dernière reprise, la Contredanse, toujours en robe d'avocat, danse avec Kankan. Tous les juges crient : « Assez!... assez!... » la foule applaudit. Menuet agite violemment sa sonnette, le tumulte est à son comble; enfin le silence se rétablit.)

MENUET.

La cause est entendue... Le tribunal chorégraphique va prononcer son arrêt.

TOUS.

Ah!... (Musique à l'orchestre. — Le fond s'ouvre au-dessus du tribunal, et l'on aperçoit le Carnaval, son cornet à pistons à la main.)

MENUET, avec gravité.

Ouï la partie plaignante dans son éloquent discours; ouï l'avocat de la partie adverse, et l'accusé dans sa défense...

attendu que le nommé Kankan... (*A ce moment, le Carnaval joue sur son piston le final du deuxième acte de Geneviève de Brabant. — Menuet s'arrête et veut reprendre.*) Attendu... Qu'est-ce que c'est que ça ?...

KANKAN, *voyant le Carnaval, à la Contredanse.*

Je le reconnais... c'est lui... le Carnaval !...

MENUET, *commençant, comme tous les autres juges, à se laisser aller au mouvement de la danse.*

Huissier, faites faire silence au dehors...

LA GAVOTTE.

Oui, monsieur le président... (*Elle sort en dansant. — La musique continue.*)

MENUET, *recommançant avec gravité.*

Attendu que le nommé Kankan est convaincu de grand écart... (*A la cantonade.*) Mais taisez-vous donc !... (*Continuant.*) De rapt et de danses trop fantaisistes... le tribunal faisant appli... (*La musique augmente. — Tout le monde se met peu à peu à danser sur place.*) faisant appli... application...

RIGODON, *dansant sur place.*

Continuez donc !... continuez donc !...

MENUET, *sautillant.*

Je veux bien... mais je ne peux pas... (*Voyant tous les juges qui sautillent.*) Arrêtez-vous donc, vous autres !...

LA GAVOTTE, *se précipitant en scène.*

Monsieur le président...

MENUET.

Qu'est-ce qu'il y a ?

LA GAVOTTE.

Est-ce que je sais ?... On envahit le tribunal !...

TOUS, *très effrayés.*

Envahir le tribunal !... Sauve qui peut !... (*La foule se sauve.*)

MENUET.

Notre enceinte est violée !... Fuyons !... (*Il descend du tribunal ainsi que les autres juges. La musique s'arrête.*)

SCÈNE III.

LES MÊMES, *moins* LA FOULE, LE COTILLON, LE LANCIER, *puis* LA VALSE.

LE COTILLON, *entrant par la gauche.*

Impossible !... Vous êtes cernés !

LE LANCIER, *venant de droite.*

La foule barre le passage !

TOUS.

C'est indigne !

LA VALSE, *accourant de gauche.*

Ma sœur !... Kankan est sauvé !... et voilà son libérateur !... (*Elle montre le Carnaval.*)

TOUS, *se retournant.*

Le Carnaval !

LE CARNAVAL.

Oui, c'est moi!... (A Menuet.) et si tu ne consens pas au mariage de Kankan, ce tribunal te servira de prison, et tu y danseras jusqu'à ton dernier jour!

MENUET.

Jamais!...

LE COTILLON.

Une fois!...

LE LANCIER.

Deux fois!... trois fois!...

MENUET.

Non!...

LE CARNAVAL.

Alors, en avant!... (Il embouche son cornet à pistons, tous se remettent à danser.)

LES JUGES, essoufflés, à Menuet.

Consentez!... consentez!...

MENUET.

Non!...

TOUS.

Si!...

RIGODON.

Je n'en puis plus, reprenez votre fille!...

MENUET.

Assez!... assez!... je consens! .. (Le Carnaval cesse de jouer. — Tous s'arrêtent.)

LE CARNAVAL.

En ce cas, nous allons procéder au mariage des fiancés. (Il disparaît.)

TOUS.

Vive Kankan!... vive Kankan!...

KANKAN.

Merci, mes amis, merci!... Et maintenant, rendons-nous à la mairie chorégraphique et par devant le Carnaval remplissant les fonctions d'adjoint au maire!... (Toutes les robes de juges tombent et laissent voir des costumes variés. — Le tribunal se transforme en décor brillant, où tous les personnages de la pièce sont groupés de diverses manières. — Le Carnaval est debout au milieu sur une estrade. — Des musiciens sont au fond, derrière le Carnaval, sur un praticable.)

CINQUIÈME TABLEAU

SCÈNE IV.

LES MÊMES, TOUS LES AUTRES PERSONNAGES DE LA PIÈCE, MUSICIENS.

LE CARNAVAL, à Kankan et à la Contredanse.

Écoutez le nouveau code des époux. (Tout le monde, sur une introduction de quadrille, se place pour danser... Un tableau, orné de fleurs et sur lequel on lit : « La femme doit obéissance à son mari. » — En Avant-Deux, descend du cintre.)

LE CARNAVAL, lisant le tableau.

« Art. 212. — La femme doit obéissance à son mari. »

LA CONTREDANSE.

Je le jure !

LE CARNAVAL.

En Avant-Deux... partez !.. (Kankan et la Contredanse exécutent un avant-deux fantaisiste, puis tout le monde danse après eux. — Un deuxième tableau descend du cintre, avec ces mots : « Les époux se doivent fidélité. » — Chaîne anglaise.)

LE CARNAVAL, lisant.

« Art. 213. — Les époux se doivent fidélité. »

KANKAN ET LA CONTREDANSE.

Nous le jurons !

LE CARNAVAL.

Chaîne anglaise... partez !... (Kankan et la Contredanse dansent d'abord seuls, puis tout le monde les imite. — Troisième tableau, avec ces mots : « Le mari doit protection à sa femme... » Balancez vos dames.)

LE CARNAVAL, lisant.

« Art. 214. — Le mari doit protection à sa femme. »

KANKAN.

Je le jure !

LE CARNAVAL.

Balancez vos dames... partez !... (Kankan danse avec la Contredanse, puis tout le monde reprend. — Quatrième tableau, avec ces mots : « La femme doit habiter avec son mari. » — Dos à dos.)

LE CARNAVAL, lisant.

« Art. 215. — La femme doit habiter avec son mari. »

KANKAN ET LA CONTREDANSE.

Nous le jurons !

LE CARNAVAL.

Dos à Dos.. partez !.., (Kankan et la Contredanse dansent dos à dos, puis tout le monde reprend. — Cinquième tableau, avec ces mots. « La femme doit suivre son mari partout. » — Grand galop.)

LE CARNAVAL, lisant.

« Dernier article. — La femme doit suivre son mari partout. »

LA CONTREDANSE.

Je le jure !

LE CARNAVAL.

Au grand galop !... (Tout le monde exécute la dernière figure du quadrille. — Tableau des plus animés et finissant par le groupe de toutes les Danses et le triomphe de Kankan. — Flammes de Bengale. — Apothéose.)

FIN.

LAGNY. — Typographie de A. VARIGAULT et Cie.

BIBLIOTHEQUE NATIONALE DE FRANCE
3 7531 03249200 2

www.ingramcontent.com/pod-product-compliance
Ingram Content Group UK Ltd.
Pitfield, Milton Keynes, MK11 3LW, UK
UKHW022129260726
13993UKWH00003B/1328